交通运输经济与决策分析

苏 霞 徐小林 刘玉英◎著

哈尔滨出版社

图书在版编目（CIP）数据

交通运输经济与决策分析 / 苏霞，徐小林，刘玉英著. —哈尔滨：哈尔滨出版社，2022.9
ISBN 978-7-5484-6744-1

Ⅰ.①交… Ⅱ.①苏… ②徐… ③刘… Ⅲ.①交通运输经济—经济决策 Ⅳ.①F5

中国版本图书馆 CIP 数据核字（2022）第 171042 号

书　　名：**交通运输经济与决策分析**
JIAOTONG YUNSHU JINGJI YU JUECE FENXI

作　　者：苏　霞　徐小林　刘玉英　著
责任编辑：孙　迪　李维娜
封面设计：徐芳芳

出版发行：哈尔滨出版社（Harbin Publishing House）
社　　址：哈尔滨市香坊区泰山路82-9号　邮编：150090
经　　销：全国新华书店
印　　刷：北京四海锦诚印刷技术有限公司
网　　址：www.hrbcbs.com
E - mail：hrbcbs@yeah.net
编辑版权热线：（0451）87900271　87900272
销售热线：（0451）87900202　87900203

开　　本：787mm×1092mm　1/16　印张：12.25　字数：230千字
版　　次：2023年5月第1版
印　　次：2023年5月第1次印刷
书　　号：ISBN 978-7-5484-6744-1
定　　价：58.00元

凡购本社图书发现印装错误，请与本社印制部联系调换。
服务热线：（0451）87900279

前　言

交通运输作为国民经济的重要基础设施和基础产业，同时也是社会经济发展的重要物质基础，其基本任务是通过提高整个运输业的运输能力和服务质量，来加强国家各经济区之间的运输联系，进而安全迅速、经济合理地组织旅客和货物运输，保证最大限度地满足经济建设和国防建设对运输的需求。展望21世纪，我国交通运输业将在继续大力推进交通基础设施建设的基础上，依靠科技进步，着力解决好交通运输中存在的诸多关键技术问题，包括来自环境、能源、安全等方面的众多挑战，建立可持续性的新型综合交通运输体系，以满足社会发展对交通运输提出的更高要求。客运高速化、货运物流化、运营管理智能化将成为新世纪我国交通运输发展最明显的三个特征。

作为国民经济的命脉，交通运输业正面向着重大的战略需求。掌握交通运输技术的人才及其培养自然成为社会各界关注的热点问题。无论是公路运输、铁路运输，还是水路运输、航空运输、管道运输等都需要大量的从事交通运输专业的高级技术与组织管理人才，由他们运用先进的技术来装备交通运输，用科学的方法来组织管理交通运输。

本书属于交通运输经济与决策研究方面的著作，随着经济的发展，交通运输业已经逐步进入了综合交通运输体系的时期。本书围绕经济学原理在交通运输领域的应用，研究交通运输需求与供给、交通运输成本、交通运输发展与方式、交通运输系统决策分析与评价、交通运输与政策的经济影响分析等领域，阐述了交通运输支持系统及智能运输系统、交通运输经济发展管理要点的创新策略研究。本书可作为高等学校交通运输类专业本科生和研究生教材，也可供相关从业者参考使用。

目　录

◆ **第一章　交通运输经济概述** ··· 1
　第一节　交通运输发展概况 ··· 1
　第二节　交通运输与经济发展 ··· 8
　第三节　交通运输经济学的由来与发展 ·· 13
　第四节　交通运输经济学的主要研究对象与方法 ································ 16

◆ **第二章　交通运输需求与供给** ·· 26
　第一节　交通运输需求 ·· 26
　第二节　交通运输供给 ·· 46

◆ **第三章　交通运输发展与方式** ·· 69
　第一节　交通运输发展思路 ·· 69
　第二节　运输通道与方式 ·· 90

◆ **第四章　交通运输市场** ··· 100
　第一节　交通运输枢纽 ··· 100
　第二节　运输市场与服务 ··· 116

◆ **第五章　交通运输决策** ··· 122
　第一节　交通运输决策研究 ··· 122
　第二节　交通运输决策支持系统 ··· 133

第六章 智能运输系统 ... 142

第一节 智能运输系统（ITS） ... 142
第二节 ITS 体系框架 ... 145
第三节 ITS 评价 ... 149
第四节 ITS 保障机制 ... 164

第七章 "互联网+交通运输"未来发展的思考 ... 167

第一节 车联网的当下与未来 ... 167
第二节 互联网大数据如何进一步改变市民出行 ... 171

第八章 交通运输经济发展创新 ... 174

第一节 交通运输经济现状与发展方向 ... 174
第二节 "互联网+"下的交通运输经济 ... 177
第三节 现阶段交通运输经济管理的必要性 ... 181
第四节 交通运输经济发展管理要点的创新策略 ... 184

参考文献 ... 189

第一章 交通运输经济概述

第一节 交通运输发展概况

一、运输的原理和作用

交通运输业是国民经济和社会发展的基础性、先导性产业,是促进经济社会发展和提高人民生活水平的重要产业。下面将对运输的作用、基本原理和决策参与者进行介绍,让读者初步了解运输的相关知识。

(一)运输的作用

1. 运输的定义

运输(transportation)是指时间效应和空间效应的创造。时间效应是指这种服务在需要的时候发生。当产品因从一个地方转移到另一个地方而增加价值时,运输就创造了空间效应。当旅客在需要的时候从他们所在的地方到达他们想去的地方时,运输就创造了时间效应和空间效应。

2. 运输的作用

运输的作用是克服在产品的生产与需求之间存在的时间和空间上的差异。通过时间和空间的变动,运输对产品实现了增值,也就是创造了时间效应和空间效应。运输的作用主要体现在以下几点:

(1)运输有利于开拓市场

早期的商品交易市场往往被选择在人口相对密集、交通比较便利的地方。在依靠人力和畜力进行运输的年代,市场位置的确定在很大程度上受人和货物可及性的影响,对于多数人来说,交通相对便利、人和货物比较容易到达的地方会被视为较好的商品交换场所。久而久之,这个地方就会变成一个相对固定的市场。当市场交换达到一定规模后,人们又会对相关的运输条件进行改进，例如改善道路（或通航）条件，增加一些更好的运输器具，以适应和满足市场规模的不断扩大。

随着技术的发展，运输方式不断改善，运输效率不断提高，运输费用也不断降低。运输费用的降低使市场的引力范围不断扩大，商人可以从离市场更远的地方采购货物在市场上出售。由此，运输系统的改进既扩大了市场区域范围，也加大了市场本身的交换规模，为大规模的商品销售提供了前提条件。

运输在开拓市场过程中不仅能创造出明显的空间效应，同时也具有明显的时间效应。

运输的时间效应与空间效应密切相关。市场上对某种商品的需求往往具有很强的时效性，超过了某一时限，商品的需求量就会大大减少甚至完全消失。一种商品如果因为时间关系失去了市场需求，这种商品在特定的时间内就不再具有价值，或者其价值将大打折扣。高效率的运输能够保证商品在市场需要的时间内适时运到，从而创造出一种时间效应，繁荣市场。与运输的空间效应一样，运输的时间效应同样可以开拓市场。例如，当某地区急需一种产品时，这时产品的运输速度就成为最关键的因素（假定该产品需要从外地调入）。

（2）运输有利于鼓励市场竞争并降低市场价格

运输费用是所有商品市场价格的重要组成部分，商品市场价格的高低在很大程度上取决于它所含运输费用的多少。运输系统的改革和运输效率的提高，有利于降低运输费用，从而降低商品价格。运输费用的降低可以使更多的产品生产者进入市场，参与竞争，也可以使消费者得到竞争带来的好处。因为如果没有运输，离市场近的厂商就可以影响甚至垄断市场，他们可以决定商品的市场价格，而高效的运输系统和低廉的运输费用可以扩大市场销售范围，使离市场更远的厂商进入市场并参与竞争。这样，商品的市场价格将通过公平竞争和市场机制决定。实际上，由于劳动分工和地区专业化的原因，商品的市场价格很可能是由远方的供应者决定的，因为他的生产成本最低。因此，正是运输系统的存在鼓励了市场竞争，也降低了商品价格。

运输与土地利用和土地价格之间存在密切的关系。高效、廉价的运输可以使土地获得多种用途。如果没有运输将产品送到远方市场，很多土地将变得无用或用途很小。运输条件的改善可以使运输延伸到的地区地价增值，从而促进该地区的市场繁荣和经济发展。

（3）运输有利于生产劳动的地区分工和市场专业化

运输有利于生产劳动的地区分工。一个较为简单的情形是：假设 A、B 两地各生产某种产品（a 和 b），A 地生产 a 的成本较低，因此价格低廉，而 B 地生产 b 的耗费也相对较低，同样能以较低的价格出售，在这种情况下，每一地区生产它最适宜生产（劳动耗费低）的货物并相互交换是对双方都有利的事情。但如果A、B间的运输费用非常高，以至于抵消了专门从事该种产品的生产和交换所能得到的利益，那么两地间的交换就不会发生。结果是A、B两地都必须拿出一部分土地、劳动力和资金来投入对方生产成本较低的那种产品的生产。这时，运输就成了地区劳动分工和贸易的障碍。然而，当A、B两地间存在高效、廉价的运输后，这个障碍就会被排除。由此，根据比较利益原则，运输能够促进生产劳动的地区分工。在劳动的地区分工出现后，市场专业化的趋势也会逐渐显露，这就使某一个地区的市场在产品的销售上会更加集中在某一类或某几类产品上。市场专业化将大大减少买卖双方在收集信息、管理等方面的成本支出，减少市场交易费用。

3. 运输在物流中的地位

运输是物流的支柱。说到物流，人们就会认为"那是运输产业"。物流过程的各项活动，诸如包装、装卸搬运、物流信息情报等，都是围绕着运输而进行的。所以，运输是物流过程各项业务活动的中心活动。可以说，在科学技术不断进步、生产的社会化和专业化程度不断提高的今天，一切物质产品的生产和消费都离不开运输。物流合理化，在很大程度上取决于运输的合理化。所以，在物流过程的各项业务活动中，运输是关键，起着举足轻重的作用。一是运输成为物流的动脉系统；二是运输是创造物流空间效应的环节，三是运输降低了物流费用，提高了物流速度，成为发挥物流系统整体功能的中心环节；四是运输加快了资金周转速度，降低了资金占用时间，是提高物流经济效益和社会效益的重点所在。

物流过程直接耗费活劳动和物化劳动，这些劳动的综合称为物流总成本。物流总成本主要由运输成本、保管成本和管理成本构成。其中，运输成本所占的比重最大，是影响物流成本的一项重要因素，在我国交通运输业还不很发达的情况下更是如此。因此，在物流各环节中，如何搞好运输工作，开展合理运输，不仅关系到物流时间占用的多少，而且还会影响到物流费用的高低。不断降低物流运输成本，对于提高物流经济效益和社会效益都起着重要的作用。所谓物流是"第三个利润的源泉"，其意义也在于此。

（二）运输的基本原理

1. 规模经济

运输规模经济的特点是随着装运规模的增大，每单位的运输成本下降。运输规模经济之所以存在，是因为有关的固定费用可以按整批货物的重量分担。有关的固定费用包括运输订单的行政管理费用、运输工具投资以及装卸费用等。运输规模经济使得货物的批量运输显得合理。

2. 距离经济

运输距离经济的特点是每单位距离的运输成本随运输距离的增加而减少。运输距离经济的合理性类似于规模经济，尤其体现在运输装卸费用的分摊上。距离越长，固定费用分摊后的值越小，导致每单位距离支付的总费用越小。

3. 运输作业的关键因素

从企业物流管理的角度来看，成本、速度和一致性是运输作业的三个至关重要的因素。

（1）运输成本

运输成本是指为两个地理位置间的运输所支付的款项以及管理和维持转移中的存货的有关费用。在设计物流系统时应该利用能把系统总成本降低到最低限度的运输，这意味着最低费用的运输并不一定导致最低的物流总成本。

（2）运输速度

运输速度是指为完成特定的运输作业所花费的时间。运输速度和成本的关系主要表现在以下两个方面：首先，运输商提供的服务越是快速，他实际需要收取的费用也就越高；其次，运输服务越快，转移中的存货就越少，可利用的运输间隔时间越短。因此，在选择合理的运输方式时，至关重要的问题就是如何平衡其服务的速度和成本。

（3）运输的一致性

运输的一致性是指在若干次装运中履行某一特定的运输所需的时间与原定时间或与前几次运输所需时间的一致性。运输一致性是运输可靠性的反映。多年来，运输经理们已把一致性看作是高质量运输的最重要特征。运输的一致性会影响买卖双方承担的存货义务和有关风险。

（三）运输决策参与者

运输决策的参与者除了托运人（起始地）、收货人（目的地）和承运人以外，还有政府与公众。

1. 托运人与收货人

托运人（一般是货物的卖方）和收货人（一般是买方）关心的是在规定的时间内以最低的成本将货物安全地从起始地转移到目的地。运输服务中应包括具体的提取货物和交付货物的时间、预计转移的时间、零灭失损失以及精确和合适的交换装运信息和签发单证。

2. 承运人

承运人作为中间人，他的目的与托运人和收货人有点区别，他期望以最低的成本完成所需的运输任务，同时获得最大的运输收入。这种观念表明，承运人想要按托运人（或收货人）愿意支付的最高费率收取运费，而使转移货物所需要的劳动、燃料和运输工具成本最低。要实现这一目标，承运人期望在提取和交付时间上有灵活性，以便于能够使个别的装运整合成经济运输批量。

3. 政府

由于运输对经济的影响，所以政府要维持交易中的高利率水平。政府期望一种稳定而有效率的运输环境，以使经济能持续增长。运输能够使产品有效地转移到全国各市场中去，并促使产品按合理的成本获得。

稳定而有效率的商品经济需要承运人提供有竞争力的服务，同时有利可图。与其他企业相比，政府更多地干预了承运人的经营活动，这种干预往往采取规章制度或经济政策等形式。政府通过限制承运人所能服务的市场或确定承运人所能采取的价格来规范其行为；政府通过支持研究开发或提供诸如公路或航空交通控制系统之类的通行权来激励承运人，在英国或德国这样的国家里，某些承运人为政府所拥有，政府对市场、服务和费率保持绝对的控制。这种控制权使政府对地区、行业或厂商的经济发展具有举足轻重的影响。

4. 公众

公众是最后的参与者，他们关注运输的可达性、费用和效果以及环境和安全上的标准。公众按合理价格产生对周围的商品需求的预期，并最终确定运输需求。尽管最大限度地降低成本对于消费者来说是重要的，但与环境和安全标准有关的交易代价也需要加以考虑。

尽管过去20年间在降低污染和保护消费安全方面已有了重大进展，但空气污染和石油溢出所产生的影响仍是运输的一个重大问题。既然要把降低环境风险或减少运输工具事故的成本转嫁到消费者身上，那么他们必然会共同参与对运输的安全作出判断。

显然，各方之间的相互作用，使得运输关系很复杂。这种复杂性会导致托运人、收货人和承运人之间频繁的冲突，以及政府与公众之间频繁的冲突。这些冲突已导致了运输服务受到规章制度的严格限制。

二、交通运输基础设施的主要特征

交通运输基础设施是指各种交通方式中为完成客流和物流所需要的固定设施，包括线路基础设施、站场基础设施、枢纽基础设施和附属基础设施等。

（一）交通运输在国民经济中的基础地位

1. 交通运输的国民经济基础性

交通运输基础设施是支撑一国经济的基础，这一基础反映出国家经济活力（工业、商业等）的水平。主要表现在以下几个方面：第一，交通运输是现代经济社会快速运行的保障，是市场机制作用于人类经济行为的首要物质前提，没有一个现代化的运输体系，很难想象会有一个较为完善的市场经济；第二，交通运输规模的大小和水平是经济社会现代化程度的基本标志之一，现代经济社会在多大规模上运用多少资源来实现人与物在空间和时间上的交换，反映了经济社会的发达程度；第三，在现代经济社会的发展历程中，交通运输具有运输革命的特征，它集中表现为"交通运输是现代经济社会发展的命脉"这一命题。已实现现代化的国家的发展过程，都证明了现代经济社会的发展必须经历一个交通运输革命的阶段。所谓交通运输革命阶段，是指交通运输的发展不仅是一种经济社会运输需求的直接反映，更是交通运输以主角的身份作用于经济社会发展过程的特殊时期。

交通运输作为一国经济的基础结构是实现经济发展和社会进步的前提条件，每个国家的经济发展都遵循这个规律。我国经济发展的实践也同样证明了这一结论的正确性。我国东部沿海地区运输基础设施较好，交通较便利，经济发展就快，人民生活水平就较高；而西部内陆地区运输基础设施较差，交通不便，经济发展就相对缓慢，人民生活水平也较低。许多地方群众总结了正反两方面的经验，用"要想富，先修路"这样朴素的语言表达了"公路是经济发展的基础"这一深刻的道理。

2. 交通运输产生巨大的外部经济效益，具有较强的社会公益性

外部性在现代经济社会中是比较常见的现象。无论什么时候，只要某个生产者或某个消费者的行为对其他生产者和消费者产生了影响，而受影响者没有因损害而得到补偿或没有因得益而付出代价，那么就存在外部性或产生外部效应。我们根据这种影响对他人的有利和不利将其划分为正的外部效应和负的外部效应。经济学家一般都认为交通运输基础设施具有正的外部效应，即存在外部经济。因为一旦在某个区域修建了某种交通运输基础设施，由于交通运输基础设施特有的经济功能和社会功能，其周围的土地价格、房产价格就

会上涨，会使其附近或相关的其他行业的经济效益大增，而且很难向这些非交通运输基础设施使用者索取回报以阻止其效益外溢。正因为如此，如果忽略从社会的角度来考虑对交通运输基础设施投入的回报，就会影响投资者的投资收益，从而影响投资者的投资积极性。

从功能上讲，交通运输作为国民经济的重要基础设施之一，其主要作用是为整个社会和经济活动提供必要的运行条件，是社会、经济、文化及国防的重要支撑力量；从经济效益上讲，交通运输的直接受益者是设施使用者，而间接受益者却是整个社会，交通运输基础设施所产生的外部经济效益远大于其自身的经济效益。交通运输的上述作用和效益存在着一定程度的不可分割、不可定址、不可定价性，体现了交通运输的公益性和公共物品特性。此外，交通运输作为重要的基础设施具有一定的自然垄断性，其发展需要政府的大力扶持，不能完全依靠市场机制。交通运输是大型公共基础设施，投资巨大，建设周期长，投资回报率较低，因此，交通运输自身作为独立商业投资项目的吸引力不足，往往需借助政府或公共部门的扶持和给予一定的优惠政策才具备商业投资的可操作性。

（二）交通运输的准公共产品和特殊商品的属性

纯公共物品同时具有非竞争性和非排他性，如国防和水利。交通运输性质的主流是公共产品，但它并不是纯公共物品。以公路为例，一方面，公路作为交通运输基础设施可以反复多次地被人们使用（或消费）并可以同时被一个以上使用者使用，因而具有多次消费性。另一方面，公路具有可以量化的使用价值和明确的直接受益者，这在一定程度上体现了公路的商品性。与一般公路相比，高速公路具有较强的商品属性。公路在建设和养护管理过程中消耗了物资和人力资源，使货币资本转化为生产资本，在提供人或物的"位移"这一特殊商品的生产过程中，它们的价值转化为两部分：一是公路用户由于交通条件改善而获得的直接经济效益；二是交通条件改善所产生的间接经济效益。公路所产生的直接经济效益是可以量化的，而且受益主体明确，即公路用户。有关资料显示，与砂石路面相比，沥青铺装路面可使汽车平均节约30%左右的油耗；与一般公路相比，高速公路可使车辆运输成本节约25%~30%。

高速公路所特有的商品属性，为高速公路的筹资、建设及运营管理采用不同于普通公路的方式奠定了基础。在我国，高速公路基本上都是收费公路。收费公路是通过运用市场机制把部分公路项目由传统采用的无偿使用方式转变为收取通行费的经营方式，以吸引各方对公路建设的投资。也就是说，政府通过特许一定的期限对公路用户实行收费，无论其经营实体是政府交通主管部门还是国内外经济实体，作为基础设施类的公路只是在特定时期内拥有了一定的经营权，而公路基础设施的所有权始终没有发生变化和转移，公路作为基础设施的公益性属性也没有改变和转换。由此看来，收费公路只是公路基础设施运营方式转变的一个有效载体，是公路基础设施实现市场融资、拓宽投融资渠道的有效途径。

第二节　交通运输与经济发展

一、交通建设项目对宏观经济增长的影响

投资与经济增长之间存在着一种相互促进、相互制约的密切关系。一方面，经济增长是投资得以扩大的基础。投资的来源离不开国民经济的增长，投资多少以及投资在国民收入中所占的比重都受国民经济增长水平的制约。另一方面，投资增长是经济增长的必要前提，在一定的科学技术水平和有限的资源条件下，经济增长速度在相当大的程度上取决于投资的多少及其增长率。

投资通过其需求效应来拉动经济增长，在投资生产活动中需要直接和间接地消耗各个部门的产品，使投资需求增加，并且在投资生产活动中，因国民收入增加还将引起消费或投资需求的不断增加。这就必然导致最终需求的增加，引起对经济的扩张作用。然后，投资又通过其供给效应来推动经济增长。所谓投资供给是指交付使用的固定资产，既包括生产性固定资产，又包括非生产性固定资产。生产性固定资产的交付使用，直接为社会再生产注入新的生产要素，增加生产资料供给，为扩大再生产提供物质条件、直接促进国民生产总值的增长。非生产性固定资产则主要通过为劳动者提供各种服务和福利设施，间接促进经济增长。

投资具有创造需求和创造供给的双重功能。从这个角度考察，高速公路项目对国民经济的拉动作用大体上可以分为两个部分：一部分是需求效应，指公路投资活动本身对增加国内生产总值、扩大有效需求、拉动经济增长的作用；另一部分是供给效应，指公路建成通车后，通行能力增加和行车条件改善，带来运输费用降低、客货在途时间节约、交通事故减少等由公路使用者直接获得的经济效益，特别是推动公路运输业发展、提高综合交通运输体系效率，以及因区域交通条件改善和区位优势增加，而通过不同途径对区域内社会发展产生的促进作用。后者较前者来讲，对经济发展的促进作用更大，持续时间更长，涉

及范围更广。

  交通运输基础设施建设投资对国民经济的拉动作用首先表现在它对 GDP（国内生产总值）的计算产生了很大的影响。在我国，计算 GDP 一般采用支出法和收入法。根据支出法计算 GDP 时，包括一定时期内最终由居民消费、政府支出所购买及使用的产品和劳务价值额、企业投资所形成的资本形成额（等于固定资本和存货）及净出口。交通运输基础设施属于社会基础设施，也属于最终产品，应计入 GDP 中。根据收入法计算 GDP 时，包括各生产要素的收入（工资、利润、生产税、折旧）总和，即为生产最终产品而需要的一切生产阶段的增加值之和。基础设施建设过程本身会产生工资、利润、折旧和税金等增加值，并要消耗大量的水泥、钢材、木材等物品，这些中间消耗品的生产企业在为基础设施建设进行生产的过程中也创造了一定数量的增加值。生产水泥、钢材、木材等的企业在生产过程中同样要消耗矿石、电力等中间物品（对基础设施建设而言，属于间接消耗品），这些物品的生产企业在生产过程中同样创造出一定数量的增加值。如此循环，直至最终产品的生产（即建成基础设施）。这一切生产过程中产生的增加值之和正好等于基础设施建设的支出总额，应计入 GDP 中。因此，无论用支出法还是用收入法计算 GDP，交通运输基础设施建设投资都会使 GDP 增长。

  交通运输基础设施建设具有投资密集和劳动力密集的特点，对其增加投入，可以带动钢铁、建材、机械制造、电子设备和能源工业等一大批相关产业的发展，并可以吸纳大量劳动力。铁路、公路、车站、港口、航道等基础设施的建设会带动建筑业的兴盛；交通运输基础设施的建设会刺激对交通运输工具的需求，从而推动汽车工业、船舶工业、机车工业、航空工业等机械制造业的发展；铁轨、管道和汽车、飞机、轮船等交通运输工具对金属的大量消耗会促进采矿业和冶金工业的发展；交通运输工具对煤炭、石油等能源的大规模需求又能促进能源采掘业的发展。

  大规模的交通运输基础设施建设不仅能有力带动一大批相关产业的发展，交通运输基础设施的改善和水平的提高又能刺激那些需要其提供产品和服务的企业和居民的消费，有效地刺激国内需求。

  对交通项目投资将产生乘数效应。交通项目建设能够使所在地区增加就业岗位和工资收入，提高当地人民的收入和生活水平。对交通项目建设的投资增加，会使 GDP 有同等的数量增加，这也意味着居民、政府和企业会得到更多的收入。收入的增加会导致消费再支出，引致社会总需求和 GDP 的更大增加，这一系列的再支出无限持续下去，最终总和为一个有限的数量。此时，投资所引起的 GDP 增加会大于投资本身的数量。这种现象称为交通项目投资的乘数效应，由投资增加所引起的最终 GDP 增加的倍数被称为投资乘数，投资乘数说明了对交通项目投资将对国民经济相关部门产生影响，可以扩大这些部门中企业的产出并提高利润水平，进而刺激消费的增长，最终促使经济增长。

二、交通项目运营与微观经济的关系

交通项目的建成通车，产生了显著的直接经济效益，促进了运输业的发展，改善了综合运输结构。下面以公路项目为例进行分析：

（一）产生了显著的直接经济效益

交通项目通车后，缓解了公路运输的紧张状况，改善了运输条件，产生了显著的直接经济效益。这些效益又称使用者效益，主要包括以下几方面：

1. 运输成本降低的效益

这部分效益是出于公路技术等级的提高，即与以前的公路相比，在汽车保修费用，轮胎、燃料消耗等方面的成本节省效益。

2. 运输时间节约的效益

修建一条高等级公路代替等级相对较低的普通公路，可以大量地节约旅客、货物和驾驶员的时间。利用有无分析法计算节约的时间，再利用机会成本测算时间节约的价值，就可得到运输时间节约的效益。

3. 提高交通安全的效益

这部分效益是指公路建成通车后，与以前的公路相比较，由于交通安全事故减少而产生的效益。

4. 减少拥堵的效益

这是指新公路的建成通车使原有相关线路和设施的拥堵程度得到缓解而产生的效益。

（二）促进了公路运输业的发展

高速公路是国道主干线的重要组成部分，更是地区公路网的主骨架。为了充分利用高速公路发展经济，沿线各地区会加速县乡路、机场路和疏港路与高速公路的沟通，促进路网布局的完善以及公路等级和通行能力的提高，从而加快沿线地区公路运输的发展。这种发展表现在两方面：一方面是"量"的发展，即运输量的增长，以及公路运输行业的客运、货运、维修、搬运、运输服务五大分支行业产值的增加。另一方面是"质"的发展。

当今世界，社会经济生活"信息化"和产品结构"高技术化"进程加快，竞争日益激烈，对运输服务的要求也越来越高。在发达国家，快运和物流业正是充分发挥了公路运输快速、方便、"门到门"的优势，适应了现代经济发展的客观要求，从而成为公路运输业发展的重点领域。当前我国经济持续快速发展，公路基础设施面貌日新月异，尤其是高速公路的迅速发展，为快速运输和物流业的发展提供了难得的发展机遇和良好的基础条件，只要运用得当，必将带来运输结构的改善。运输领域的拓宽极大地提高了公路运输的服务质量。

（三）改善了综合运输结构

现代交通运输业包括铁路、公路、水运、航空、管道五种运输方式，各种运输方式间存在着很大的互补性，但在一定的条件下某些运输方式间也存在较强的竞争关系。各种运输方式间的有序竞争会促进各自不断提高自身的服务水平，更好地满足社会需要，真正得到实惠的是广大旅客和货主，受益的是包括我们自己在内的社会公众。

我国交通运输体系长期以来处于以铁路为主体、公路为补充的状态。随着国民经济的发展和运输需求的变化，这种运输结构已显示出很大的不适应性，铁路运输日趋紧张，运输能力无法满足不断增长的客货运输需求。高速公路的迅速发展，使公路的大动脉作用日益明显，改变了以往公路运输在综合运输体系中只具有短途、零散、中转接续功能的附属地位，开始在现代化高起点上与其他运输方式相匹配。在综合运输体系中，公路运输完成的客货运周转量占各种运输方式的比重明显上升。

近年来铁路实行"提速战略"，改善既有线路条件、发展新型列车，采取优化运输产品结构、提高服务质量等措施，开创铁路新风，备受社会注目，这正是随着高速公路的发展，各种运输方式相互竞争、相互促进的直接结果。随着中国高速铁路的快速发展，高铁成为人们出行的主要方式。

三、交通运输业对区域经济发展的推动作用

交通项目的通车运营，改善了区域内及区域间的运输条件，区域社会发展的空间结构趋于更加合理，从而对区域社会发展的各个方面产生了综合影响。

人类的各种经济活动都是在一定的空间内进行的。社会经济空间是社会经济活动中物质、能量、信息的数量及行为在地理范畴中的广延性存在形式，即其形态、功能、关系和过程的分布方式和分布格局同时在有限时段内的状态。社会经济活动的空间结构是一定区

域范围内社会经济各组成部分的空间位置关系以及反映这种关系的空间集聚程度和规模。从区域开发与区域发展的大量实例中可以看出，空间结构在区域经济社会发展中的影响是非常突出的，是反映区域发展状态本质的一个重要方面，是从空间分布、空间组织的角度考察、辨认区域发展状态和区域社会经济有机体的罗盘。

区域经济学中的空间决定论认为，要使一个区域获得大规模开发和迅速发展，必须首先发展交通运输网和通信网，即空间-距离可达性对区域经济发展具有先决性。这一理论明确指出了交通基础设施在区域经济发展中所具有的重要地位。交通基础设施的影响和作用可以进一步通过区域科学中的引力模型来解释。交通设施的便利降低了两地间往来的运输成本（包括货币或时间），从而提高了区域内潜在目的地的空间可达性（或吸引力），促进了区域中各种社会经济活动在空间中的相互作用。当一个区域具备这种区位优势时，就会产生一种引力，有可能把相关企业和生产力要素吸引过来，在利益原则的驱动下，形成产业布局上的相对集中和聚集，从而促成该地区经济的发展。这种引力就称为区位优势。

交通运输普遍存在于人类的社会经济活动中，它为经济活动提供空间联系的环境，区域社会经济系统中经济要素的排布、经济活动的空间格局和基本联系，都首先要依靠交通运输，以运输网为基础形成经济活动的地域组织。运输网的不断加强、扩展和综合化，加上其他方面的基础设施，再加上商业关系、金融关系和企业间的分工协作及集团化联系等，就构成了现代经济空间结构变化的基础。因此，交通运输是社会经济空间形态形成和演变的主要条件之一。

交通运输对区域经济社会发展的巨大作用在于：通过提高区域的空间可达性（所谓空间可达性是指一个区域与其他有关区域进行物质、能量、人员等交流的方便程度，其内涵是区域内部及区域之间社会经济联系的方便程度），可以改善区域社会经济空间结构的合理性，增强区域内部以及区域之间社会经济的有机联系，促进区域社会经济的协调发展。现代经济发展的历程也表明，从空间分布的角度看，现代经济的发展总是首先在运输资源相对丰富的地区或区域形成增长极。经济增长极之间通常都存在较强的相互作用，并在它们之间形成"经济场"，从而对它们之间的地区和其他地区产生经济极化效应，带动整个经济更有效、更有序地发展。

第三节 交通运输经济学的由来与发展

一、西方经济学家的思想与早期论著

伴随着工业革命的兴起，现代交通运输业在世界范围内产生了突飞猛进的发展，交通运输业在发展的同时也带动了早期运输经济学的发展。交通运输经济学的思想起源可以追溯到现代经济学创始人亚当·斯密（Adam Smith）的著作中。随着英国产业革命的兴起，轮船作为一种新的运输工具崭露头角，苏格兰人亚当·斯密于1776年在他的代表作《国富论》中论述了交通运输对城市和地区经济繁荣所起的促进作用以及政府在交通设施方面的开支等问题。在他的著作中，古代的埃及人、印度人和中国人之所以富裕，都是得益于依托丰富的水运便利条件。亚当·斯密根据各国资本主义发展的早期经验，论述了交通运输经济学中的一个十分重要的内容，即交通运输与经济发展的关系问题，其主要思想有：①交通运输是经济发展的基本条件；②交通运输影响分工和交换；③交通运输影响资源开发和对外贸易；④交通运输与贸易的规模受该国经济发展水平的制约。铁路在欧洲出现以后，经济学家对交通运输经济的问题进行了更多的探讨，并著文论述交通运输与经济及文化的关系。19世纪中叶，德国经济学家李斯特在《政治经济学的国民体系》中把交通运输作为国民生产力的一个构成因素进行研究。李斯特通过研究亚当·斯密以后欧洲近几十年的巨大发展，对交通运输与经济的关系进行了更加深刻的分析。李斯特的主要观点表现在：①交通运输是经济发展的重要条件；②交通运输既是工业和贸易的原因，又是工业和贸易的结果；③交通运输政策对交通运输业发展的重要意义。除了亚当·斯密和李斯特外，马克思在他的经济学研究中也提出了许多宝贵的交通运输经济学思想。他在《资本论》中运用大量的篇幅论述了铁路和航空对资本主义工业的促进作用，对交通运输与资本主义生产和流通的关系问题进行了深入的分析和研究后，提出了丰富而深刻的交通运输经济思想和理论。其基本观点有：①交通运输是商品交换的重要手段；②交通运输是社会经济存在的基本形式；③交通运输是生产过程在流通领域里的继续；④交通运输业属于物质生产部门；⑤交通运输影响资本的周转；⑥交通运输影响资本主义经济。经典经济学家对交通运输经济学的关注反映了资产阶级工业革命前后交通运输业在经济活动中的地位明显上升。

在工业革命的进程中，除了有经典经济学家对交通运输经济进行论述外，还有一些著名的经济学家对交通运输经济学的早期思想萌芽作出了重要贡献。1844 年法国经济学家杜比特（J. Dupuit）在其论文《论公共工程的效用》中运用费用与效益的观点研究了交通运输投资和运价的问题。这篇文章第一次提出了边际成本这个概念，为以后经济学中边际主义的研究奠定了理论基础。1850 年，伦敦大学教授拉德那出版了他的著作《铁路经济》一书，书中讨论了交通运输进步的历史及影响，讨论了铁路的各种运营管理和成本、运费、利润等问题，还讨论了铁路与国家的关系，书中交通运输经济学方面的论述曾被马克思的《资本论》所引用，并为以后铁路经济学奠定了基础。1878 年奥地利经济学家 E. 萨克斯（E. Sax）在其著作《国民经济中的运输工具》一书中讨论了交通运输政策和交通运输业营运活动的经营论。书中采用理论分析的方法，把边际效用说引入了交通运输经济学，讨论了一般交通运输政策、国家在交通运输方面的作用以及交通运输业运营活动的经营论。

以上几位代表人物和他们的著作在运输经济学创立初期，为交通运输经济学奠定了基础。从工业国家修筑铁路高潮时期到第一次世界大战后，铁路在世界运输业中一直占有统治地位。在这个时期里，铁路的投资和运营管理以及国家对铁路的管理成为交通运输经济学研究的主要对象。交通运输经济学的主要沿政策论和经济论两个方向发展，直到后来经济论中的交通运输财务、会计、统计等内容因学科的分化与发展而逐一分离出去形成相对独立的应用经济学科。

二、当代交通运输经济学

（一）发达国家交通运输经济学

1. 第二次世界大战前后

第二次世界大战前后，发达国家交通运输业的发展发生了巨大变化，即铁路运输遇到越来越多的挑战，其统治地位开始动摇。战前，汽车运输就开始在欧美各国向铁路运输提出了挑战，其他运输方式也迅速发展起来。

1940 年，美国宾夕法尼亚大学的 E. 约翰孙（E. Johnson）等人出版了《交通运输：经济原理与实际》一书，开始全面讨论铁路、航空、管道、水运与公路运输问题，以及各种运输方式之间的竞争与合作问题。第二次世界大战以后出现的一系列新情况，使交通运输经济学得到了长足的发展。

2. 冷战时期

冷战时期，世界没有发生大规模战争冲突，在这一时期，交通运输经济学在发达国家获得更迅速的发展是在1966年美国政府成立了运输部（DOT）以后。这期间由于许多工程专家同时参加交通运输经济工作，使得交通运输经济学在投资和成本、效益分析方面取得了较快的进展，并带来明显的数字化倾向。进入20世纪70年代以后，能源、环境等方面的危机提出了新的运输经济课题，同时西方国家对交通运输业的管理政策也发生了很大的变化，对这些问题的探讨便反映到他们的交通运输经济著作中。20世纪70~80年代，在西方国家除了出版一些综合性的著作，如美国R. 桑普森（R. Sampson）等人的《运输经济——实践、理论与政策》，D. 哈泼（D. Harper）的《美国运输：使用者、运送者和政府》，英国K. 伯特（K. Button）的《运输经济学》等，也出版了一些比较专业的著作，如《航空经济》《海运经济》《客运》《城市交通》《地区交通》《运输与能源》《运输与土地》《运输需求分析》《各国运输政策的比较》，等等。在日本，1977年出版了冈野行秀主编的《交通经济学》，成为在日本颇有影响的交通运输经济学著作。1989年，日本经济新闻社出版了奥野正宽、筱（小）原总一、金本良嗣编写的《交通政策经济学》，专门论述了日本的交通政策问题。

（二）发展中国家交通运输经济学

值得一提的是印度经济学家潘德拉格在1985年出版的《印度运输体系的动向：一项区域性研究》一书。书中以印度为对象，论述了交通运输业落后对发展中国家经济的影响。他认为农业、工业、商业和交通运输是国家经济的四个重要部门，经济的快速和均衡增长，要求这四个部门同时得到发展，而没有完好的交通运输体系，其他部门的发展是根本不能想象的。

（三）中国交通运输经济学

20世纪20~30年代，我国老一辈交通运输经济学者开始引进西方的交通运输经济学。近十年来我国在运输经济学领域中的研究取得了十分显著的成绩，研究队伍也随之飞速发展。巴顿在《运输经济学》中提到，20世纪70年代英国以运输为专业的经济学家的人数，几乎可以靠两只手数出来，然而到20世纪80年代，对该领域感兴趣的热烈程度是50多年来所未曾见过的。这种情况也同样发生在当前的中国。

新中国成立后，一些高校纷纷设置了交通运输经济、交通运输管理的科系和专业，其中比较有名的有北京交通大学、西南交通大学、武汉理工大学、大连海事大学、上海海事大学、长安大学、长沙理工大学、重庆交通大学等。国家和交通运输部门也成立了与交通运输经济研究有关的科研机构。国内学者陆续编写出版了一些教材和专著，如《铁路运输经济学》《公路运输经济学》《水运经济学》《中国交通运输经济分析》《中国交通运输问题》等，并翻译出版了国外的一些教材与专著，还出版了一些学术刊物。

第四节　交通运输经济学的主要研究对象与方法

一、交通运输经济学的研究范围和研究领域

（一）交通运输经济学的研究范围

交通运输是一项范围十分广泛的人类基本活动。交通运输经济学作为经济科学的一个分支，不可能去研究人类的一切运输活动，在确定交通运输经济学研究对象之前，必须明确交通运输经济学研究的交通运输这一概念的含义及交通运输经济学的研究范围。

1. 区分交通运输与非交通运输

从一般的定义来说，交通运输是人与物的空间位移，但并非所有的人与物的空间位移都可以称之为交通运输。

首先，作为非经济活动所引起的人与物的空间位移，一般不属于交通运输。比如，人们在家里、在工作单位或其他建筑内的移动；人们在娱乐场所的室外移动，如在公园里、在游乐场所的活动、水上活动、空中旅游等，也不属于交通运输。非运输车辆所引起的人与物的空间位移往往是为了执行特定的任务，一般与经济活动不发生直接关系，也不属于交通运输，如消防车、电视转播车、环境监测车、扫路车、洒水车、高空作业车、工程救险及海上救助的车、船、直升机等，其本身不过是所安装设备的一个载体，虽然其活动也引起人或物的空间位移，往往也利用公共交通线路，但它们不属于交通运输，因而也不属于交通运输经济学研究的范围。

其次，由经济活动所引起的物的位移也必须区分为交通运输与非交通运输。作为经济活动所引起的物的位移有很多，除了一般的货运之外，还有供电、供水、供气、供暖，以及邮政部门投递的信函、包裹等邮件，电信部门传输的信息等。这些物的移动从本质上来

说与货物运输并没有什么大的差别，有的确实就是从货物运输中逐渐分离出来的。但是，它们一经分离出去，就有了自身独立的传输系统，由这些传输系统专门完成的物的移动，自然就不再属于交通运输这一范畴，因而也不属于交通运输经济学的研究范围，虽然有的物品移动至今尚未从交通运输业中彻底分离出去，比如一些地区的邮政信函、包裹等仍然是由承担客货运输的车辆、船舶或飞机捎运的，但一般也把它们排除在交通运输之外，不作为交通运输经济学研究的内容。

2. 区分经济活动中的交通运输与非经济活动中的交通运输

军事运输也是交通运输，但它是由非经济活动所引起的，因而不属于一般的交通运输。尽管军队的人员、装备和军用物资的调运，要依赖于一个国家的运输体系并作为该体系的重要组成部分而存在，但它毕竟是一个比较特殊的领域，属于军事后勤学的研究范围。虽然两者之间有密切的联系，但也不属于交通运输经济学研究之列。

3. 区分"内部交通运输"与"外部交通运输"

经济活动中，不少运输工具只承担工厂或联合企业内部的短距离运输任务，如有些大型钢铁联合企业在厂区内设有铁路专用线，大型石化企业在厂区内设有输油、输气的专用管道，其内部运输量很大，但这些交通运输是与直接生产过程有关的，主要是从事原材料和半成品在不同生产环节内的周转或出入库等。上述交通运输不论运量大小、运输方式如何，均是"内部交通运输"，属于企业管理所研究的内容。

交通运输经济学主要研究"外部交通运输"，即社会再生产过程中的流通领域的运输（或称公共运输）。虽然有时"内部交通运输"与"外部交通运输"不易区分清楚、不能截然分开，但交通运输经济学的主要任务是研究"外部交通运输"。

4. 区分古代交通运输和近现代交通运输

交通运输是一种十分古老的经济活动方式，从肩背人扛到人力车、畜力车运输以及从步行交通到自行车交通等，均属于古老的或简单的运输方式。这些运输方式即使在发达国家仍未绝迹，但它在现代运输体系中已经不起主导作用。

交通运输经济学只选择起主导作用的运输方式作为研究对象，尤其是将铁路、公路、水运、航运、管道五种运输方式组成的综合运输体系作为研究的主要内容，较少顾及那些已经过时的、简单的、在经济活动中不再发挥主导作用的运输方式。

总之，交通运输经济研究的是交通运输而不是非交通运输；不是广义的交通运输而是狭义的交通运输，主要研究经济活动领域中的"外部交通运输"，即流通领域中的交通运输；研究包括五种运输方式在内的近现代交通运输。

（二）交通运输经济学的研究领域

在近两个世纪的发展历程中，交通运输经济学的研究领域一直在演变和扩大，但交通运输经济学稍具规模并有较为显著的发展，还是20世纪50年代以后的事。

一方面，受交通运输产业发展的带动，两次世界大战期间运输工具的显著进步，特别是由于汽车运输和民航运输的崛起，使交通运输体系产生了重大变化，而私人轿车的普及更加剧了人们对交通运输问题的关注。此外，第二次世界大战后，发达国家对发展中国家的援助贷款中有一大部分用于港口、铁路和公路等基础设施建设，促进了交通运输工程项目经济效益分析的发展，使得交通运输工程项目投资的经济分析成为工程经济学的基本内容，同时也是交通运输经济学一直关注的研究课题。

另一方面，是交通运输经济基础理论发展的影响。有的西方经济学者认为，交通运输经济学的理论基础是福利经济学。这是因为，在相当长一段时间内，公路、江河、运河等都由政府兴建，或是自然界所提供，使用者不必付费，交通运输业成了提供公共品的行业。例如，一些国家的免费高速公路网、运河等基本属于公共品。交通运输具有很强的外部经济特征或外部性。在20世纪20年代，福利经济学家对外部性问题提出了应该用集体干预来纠正市场缺陷的主张。然而，战后西方经济的发展表明，在国家和公共经济的各部门，以至整个社会经济中，国家的干预并非总如同干预理论所想象的那样有效。这种情况激发了人们对公共品的生产和消费的研究兴趣，形成并发展了公共选择理论，进而也影响到交通运输经济学的发展。

交通运输经济学的研究领域一直在扩大，它的关注热点也在不断转移。例如尽管大多数国家在交通运输工程项目方面投入巨大建设资金，世界银行的总贷款中有20%、总援助金额中有15%是投向交通运输建设项目的，但是，强劲的运输需求带动下的交通运输工程项目的建设规模之大，使得建设资金来源依然成为影响交通运输发展所面临的最大问题之一。

目前交通运输经济学的研究内容大致可以分为以下九个方面：

①交通运输的发展及意义，包括交通运输发展过程、规律、趋势和它在经济、文化及社会发展中的作用、意义等。

②运输需求与供给，包括运输需求与供给分析、需求与供给平衡理论等。

③运输成本和价格原理，包括运输成本概念和组成，运输价格的组成、制定和管理等。

④运输市场，包括市场基本理论、国内运输市场和国际运输市场的分析等。

⑤运输企业，包括运输企业性质、特点、经济功能，运输业经济管理和发展战略等。

⑥交通运输历史和运输政策，包括运输政策的演变、历史评价，各种运输政策的研究等。

⑦交通运输项目投资、评估和经营，包括交通运输业及基础设施的投资立项、成本效益分析、融资、评估、经营等。

⑧城市交通问题，包括城市交通分析、配置、经济评价及交通拥挤、交通需求管理等。

⑨交通运输与可持续发展，包括交通运输与环境、交通运输与安全、交通运输与能源、交通运输与土地利用等。

研究领域的扩大反映出交通运输与现代社会经济的联系越来越紧密，也反映出交通运输经济学开始走向成熟。

二、交通运输经济学的主要研究对象

（一）交通运输业作为国民经济的基础产业，它所提供的运输供给如何满足整个社会运输需求方面的规律

交通运输业所提供的产品是实现旅客或货物的空间位移，其产品的特殊性决定了满足社会运输需求规律的特殊性。这种规律性体现在运输市场的供需平衡上，要保证运输部门提供的运输服务满足社会需求，就必须对运输需求进行预测，在交通运输业的运作过程中进行不断调整，使运输供给与运输需求达到基本的平衡。

（二）交通运输业自身的规律

交通运输业自身的规律体现在以下三个方面：

1. 交通运输业本身所特有的经济规律

交通运输经济学作为一门部门经济学，首先要以马克思主义政治经济学为基础，从生产力和生产关系、经济基础和上层建筑的矛盾运动来研究和揭示交通运输经济的发展规律。

2. 交通运输业内部的生产关系

由于交通运输业具有不同于国民经济其他物质生产部门的生产特征，以及这些特征所

决定的特有的经济规律和经济关系，所以交通运输经济学要从运输生产的特征出发，研究交通运输业内部的生产关系，包括同各种运输方式与生产技术密切联系的各个方面的经济关系，例如，运输生产力在空间的结构与布局、各种运输方式的合理分工、运输专业化与相互协作等。

3. 交通运输经济的运行规律

研究交通运输经济的运行规律，就是研究交通运输行业经济运行的内在机制，归纳出运输经济中的资源配置和利用的规律，通过对交通运输经济中的成本、价格、供需平衡及投入和产出的研究，分析各种经济主题的行为，并由此研讨国家相应的法律、方针、政策。

交通运输经济学不仅研究现代化的运输体系，分析和探讨现代化交通运输的发展方式、方向、速度，根据经济发展的特点研究交通运输业与国民经济其他部门的关系，而且还研究交通运输经济中的政策、管理、效益以及运输的成本、供求和价格。交通运输经济学把交通运输经济运行的客观规律、交通运输业内部各种经济关系，以及交通运输经济同国民经济的相互关系作为自己的研究对象。

三、交通运输经济学与其他学科之间的关系

交通运输经济学是研究特定范围内与交通运输有关的经济关系。根据研究对象的不同，目前与交通运输经济关系密切，甚至内容有交叉的学科主要有：

①理论经济学。运输经济学以理论经济学为基础。理论经济学包括生产力经济学和政治经济学。生产力经济学是研究生产力发展变化规律的科学；政治经济学是研究生产关系发展变化规律的科学。

②地理学。交通运输经济学与经济地理学尤其是交通运输地理学有十分密切的关系。对于地理学家来说，运输的重要性在于它是影响经济与社会活动分布的主要因素之一。所以他们关心运输网空间结构的变化及其与其他地理要素的相互作用关系，地理学把交通运输作为一个空间网络来研究，探求客货流分布及变化的规律和影响因素。

③规划学。运输规划学主要研究运输业发展中运输设施建设的布局、规划原则、规划方法以及如何确定具体的运输项目。

④工程学。运输工程学主要解决具体工程的设计、施工问题和工程中如何提高管理水平、提高效率及效益的问题。

⑤经营管理学。运输经营管理学则是运输业经营者关于运输企业的组织形式、结构规

模、如何在运输市场上竞争和内部如何从事计划、财务、劳资等方面的经营和管理的学科。

⑥数学和统计学。运输经济学与数学和统计学也有密切的关系。在研究运输经济问题时，不仅要进行理论上的定性分析，而且也要进行定量分析，并且尽可能将两者结合起来。在进行定量分析时，要借助于数学方法、数学模型，并运用大量的统计资料进行数据分析。

在一定程度上，运输经济学为其他运输学科提供必要的经济理论基础。在开展运输地理研究，进行运输规划，从事工程设计和施工，以及经营管理运输企业之前或工作进行之中，应该对问题的本质和来龙去脉有一定的了解和分析，对未来的可能趋势作出预测，并针对所要解决的问题，制定出方案的经济评价和可行性研究，作为决策的参考依据。运输的规划、设计、施工、运营等各项工作中都包含经济问题，都离不开运输经济学的理论和分析方法。运输经济学是其他几个有关运输学科的经济理论基础；同时，运输经济学也必须与其他学科共同发展。只有运输经济学与其他学科互相渗透、紧密结合，才能更好地探索各种运输经济问题内在的规律，比较圆满和有效率地实现运输目标。

四、交通运输经济学的主要研究方法

（一）定性与定量的方法

1. 定性研究与定量研究的关系

定性研究是根据一定的经济理论，对经济系统的历史、现状和发展作出解释、分析和判断，指出未来发展的趋势和调控策略。定性研究的优点是紧密依靠经济理论，能较好地把握经济规律。定量研究则是在一定的经济理论的基础上建立所研究的系统的数学模型，利用数学模型对经济系统进行分析、预测和控制。定量研究的优点是有明确的数量结果。定性研究是定量研究的前提和基础。没有定性研究为基础，定量研究容易由数据到数据，产生盲目性。经济系统的数学模型就是经济规律的数学描述。因此定量研究必须有正确的经济理论为指导，定量研究又是定性研究的深化和提高。在定性研究的基础上，定量研究可以进一步得到包含具体数量的研究结果。在整个研究过程中，把定性研究和定量研究紧密地结合起来是最合理、最有效的研究方法。

2. 典型的定性、定量研究方法

在交通运输经济理论中，比较典型的定性分析法有专家会议法和德尔菲法。专家会议法就是通过召开座谈会、研讨会的方式向与会专家获取有关预测对象的信息，经过归纳、分析和判断得出预测结论；德尔菲法则是在专家会议法的基础上发展起来的一种直观预测法，它是采用匿名函征询、调查的方式，按照规定的程序向参与预测课题的有关专家反复征求意见，然后采用统计处理的方法对专家的意见进行归纳整理并反馈给每一个专家，经过多轮征询，当专家意见趋于一致时停止调查，以此作出预测结论。德尔菲法可以避免专家会议法因心理和感情因素对预测结论的消极影响，是目前经验判断法中最具科学性、最完美的一种预测方法。

在很多情况下，单纯从定性的角度去考虑交通运输经济中的一些相关问题，难免会出现一些偏差，所以在实际中，多采用定量与定性结合的方法来研究运输经济的问题。目前最常用的定性与定量结合的方法是层次分析法。层次分析法是对一些较为复杂、较为模糊的问题作出决策的简易方法，它特别适用于那些难以完全定量分析的问题。层次分析法有三个基本原则：分解、比较判断和层次综合。它把复杂问题分解为各个组成因素，又将这些因素按支配关系分组形成递层关系。通过两两比较的方法确定层次中诸因素的相对重要性，然后综合决策者的判断，确定决策方案的相对重要性。

（二）系统理论与方法

系统分析就是对一个系统内的基本问题，用逻辑推理、科学分析的方法，在确定条件与不确定条件下，找出各种可行的方案。系统分析就是以系统的整体最优为目标，对系统的各个主要方面进行定性和定量的分析，是一个有目的、有步骤的探索性分析过程，以便给决策者提供直接判断和决定最优方案所需要的信息和资料。一般系统论认为，系统是由相互联系、相互作用的若干要素结合而成的、具有特定功能的有机整体，它不断地同外界进行物质和能量的交换，而维持一种稳定的状态。

系统论的观点认为可以将交通运输经济项目的各个环节看作是一个有机结合的整体，整体的作用大于部分作用的总和。交通运输经济项目经济评价需要从经济效益、社会效益、生态环境保护以及自然资源节约等多方面进行分析评估，其本身也是一个复杂的系统，系统分析有助于对整体目标进行设定，有助于对有限资源进行最佳的调配，有助于行动策略的决定，是一种有效的分析方法。

目前比较流行的以系统的观点来解决交通运输经济中存在的问题的主要方法为系统动力学方法。系统动力学是结构的方法、功能的方法和历史的方法的统一，它基于系统论，并且吸收了控制论、信息论的精髓，是一门综合自然科学和社会科学的横向学科。系统动力学对问题的理解，是基于系统行为与内在机制间的相互紧密的依赖关系，并且通过数学模型的建立与运行过程而获得的，逐步发掘出产生变化形态的因果关系。系统动力学对于解决交通运输经济中的整体关联性很强的问题有很大的优势，它结合投入产出法、乘数法以及计量经济学模型在交通建设项目的经济评价、投资评估等方面有很广泛的应用。

（三）比较分析法

比较分析法运用于交通运输经济学表现在它的直观性和可信度，它是通过某项财务指标与性质相同的指标评价标准进行对比，揭示企业财务状况、经营情况和现金流量情况的一种分析方法。比较分析法是最基本的分析方法，在交通运输经济理论中对于交通运输行业的建设项目的评价有着明显的优势。其比较的对象主要包括绝对数比较分析、绝对数增减变动分析以及百分比增减变动分析。绝对数比较分析通过编制比较财务报表，将比较各期的报表项目的数额予以并列，直接观察每一项目的增减变化情况；绝对数增减变动分析在比较财务报表绝对数的基础上增加绝对数"增减金额"一栏，计算比较对象各项目之间的增减变动差额；百分比增减变动分析，在计算增减变动额的同时计算变动百分比，并列示于比较财务报表中，以消除项目绝对规模因素的影响，使报表使用者一目了然。比较分析法在交通运输行业的主要作用表现在反映了各类企业不同时期内普遍适用的指标评价标准；反映了某行业水平的行业指标评价标准，通过行业标准比较，有利于揭示本企业在同行中所处的地位及存在的差距；反映了本企业目标水平的目标指标评价标准；反映了本企业历史水平的历史指标评价标准。

将比较分析法运用在交通建设领域比较常用的有态势分析法（SWOT），即将交通运输经济学研究的各个对象的内部主要优势、劣势、机会和威胁等通过调查罗列出来，并且依照矩阵形式排列，然后运用系统分析的思想把各种因素相互匹配起来加以分析，从中得出一系列相应的结论，这种结论通常带有一定的决策性。

（四）经济计量分析法与数学方法

在交通运输经济领域，经济计量分析法主要体现在以下几个方法层面上：

1. 边际分析法

边际分析法是把追加的支出和追加的收入相比较，二者相等时为临界点，也就是投入的资金所得到的利益与支出（损失）相等时的点，如果组织的目标是取得最大利润，那么当追加的收入和追加的支出相等时，这一目标就能达到。

2. 经济效益分析法

经济效益分析法是传统的边际分析法的进一步完善，当各个选择方案的数量、目标远不像利润、费用等所表示的那样具体明确时，经济效益分析是一种较好的决策方案。它的主要特点是：把注意力集中在一个方案或系统的最终结果上，即根据每个方案在为目标服务时的效果，来权衡它们的优缺点，同时还要从效果着眼，比较每个方案的费用（或成本）。

3. 线性规划法

线性规划法是解决多变量最优决策的方法，是在各种相互关联的多变量约束条件下，解决或规划一个对象的线性目标函数最优的问题，即给予一定数量的人力、物力和资源，如何应用而能得到最大经济效益。其中目标函数是决策者要求达到目标的数学表达式，用一个极大或极小值表示。约束条件是指实现目标的能力资源和内部条件的限制因素，用一组等式或不等式来表示。

4. 现值分析法

现值分析法的基本原理是将不同时期内发生的收益或追加投资和经营费用都折算为投资起点的现值，然后与起初的投资比较，净现值大于零的方案为可行方案，净现值最大的方案为最佳方案。利息一般分为单利和复利两种，在方案评价中多采用复利计算。

5. 期望值法

期望值法是为了减少决策结果的不可靠性采用的一种方法，即决策者对一个方案可能出现的正反两种结果，分别估计其得失数值，再以其可能实现的概率加权，求得两项乘积的正或负的差额，再把各个方案的这个差额加以比较而做出决定。

6. 博弈论法

博弈论法含有冲突的因素，这种决策不能单顾自己一方，而要估计到对手一方，犹如两人对弈，是一个胜负问题。它的理论基础是数学。

从以上的几种方法中可以看出，计量经济理论的基础是一些数学模型或者数学分析的方法，而运筹学又是这些方法中不可缺少的工具之一，结合这些数学模型能够使交通建设项目评价等相关经济问题得到最合理的决策和实施。同时，对比分析可以知道，经济计量分析的方法与定性、定量研究的方法是有相似性的，其相似性主要体现在，两者都是以数学为基础的分析方法，依赖于数学模型来解决运输经济中的问题；经济计量分析法与定性、定量分析法又是有区别的，其区别体现在两者研究的对象和范围上，在交通运输经济学中，经济计量分析法主要研究的对象是运输项目的投资、评估和经营等方面的内容，而定性与定量分析的方法既可以研究国内国际交通运输市场相关的问题，也可以研究城市交通运输以及交通运输业的可持续发展方面的问题；在范围上，经济计量研究的方法适用于"专"，而定性与定量研究方法适用于"全"。在交通运输经济学的研究中，对两者的使用应该随着研究问题的侧重点不同而选择相对应的方法。

第二章 交通运输需求与供给

第一节 交通运输需求

一、运输需求概述

（一）运输需求的概念

"需求"是经济学中的一个概念，它与"需要"这个概念既有联系又有区别。简单地说，需求是有支付能力的需要。运输需要是指货主或旅客对运输供给者提出的实现空间位移的要求，而运输需求则是指这种要求当中的有支付能力、可以实现的那部分。运输需求是一个特定的概念，它和运输需要有着密切的联系，但运输需求并不等于运输需要。运输需求是指运输劳务的购买者在一定时期内，在一定的价格水平上愿意而且能够购买的运输劳务量。也就是说，运输需求是运输需要和购买能力的有机统一，运输需要只是运输需求的必要条件，运输劳务购买者的支付能力是充分条件，二者缺一不可。

对于每一个具体的运输需求来说，一般都包括以下四个方面的内容：一是流量，即运输需求量，指运输需求的规模大小和数量的多少，通常以货运量（吨）和客运量（人、人次）来表示；二是流向，即货物或旅客空间位移的地理走向，从何处来，向何处去，反映了地域间经济和居民的运输联系；三是流程，即运输需求的距离，指货物或旅客进行空间位移的起讫点之间的空间长度，是反映运输工作量的一个重要指标，用周转量（吨公里、人公里）表示为满足运输需求所完成的运输工作量的大小；四是流时，即运输需求的时间，起运时间和运达时间表明满足运输需求所需的时间，包括运输服务开始的时间和完成的时间。

对运输总需求来说，除了上述四方面内容以外，还有一个需求结构即运输需求量的构成问题，它反映对各种运输方式的需求之间的数量关系和比例，以及对各层次运输服务质量的需求和需求量比例。

(二) 运输需求的分类

运输需求可以从不同的角度划分为不同的种类。

1. 接运输对象不同可分为货物运输需求和旅客运输需求

(1) 货运需求的种类

①根据货物的类别分为普通货运需求和特殊货运需求。

普通货运需求表现为所要运输的货物都是生产和生活中常见的生产资料和消费资料，运输需求量大且比较平衡稳定，在运输和保管、装卸过程中没有特殊的要求；特殊货运需求，所运输的货物大都是长、大、笨、重货物，危险品，鲜活易腐货物等，在运输和保管过程中有其特殊的要求，如果没有特殊的保护措施和技术手段，则难以满足这种运输需求。特殊货运需求相对来说，运输需求较小，且不稳定性较大。

②根据运输距离可分为长途货运需求和短途货运需求。

长途货运需求和短途货运需求相比，运距较长，装卸作业、办理手续等方面简单，形成的运输周转量大，而短途货运需求则相反，频繁装卸，而且形成的运输周转量小。面对这两种运输需求，要求交通运输企业重视灵活性、方便性和效率。

③根据一次所要运输的货物批量可分为零担货运需求和整车货运需求。

零担货运需求的显著特点是一次承运的货物批量小，由于不同需求者承运的货物种类、去向、距离均不相同，因而这种需求的满足要求交通运输企业建立一定的运输网络，配备相应的运输服务设施。整车货运需求即其一次承运的货物至少用一辆车运送的运输需求，这种需求的满足较为容易。

④按货物的行业属性分为工业品运输需求和农产品运输需求。

工业品的特点是数量多，需求稳定。农产品因其比较分散，且季节性较明显，因而农产品运输需求一般表现为运输需求量集中，而且比较单一。当然，对于工业品和农产品运输需求还可以根据其特性进一步分为不同的运输需求种类，如石油运输需求、粮食运输需求等。

⑤根据货物的时效性分为快件货运需求和普通货运需求。

一些货物因其本身的性质，有较强的时间要求，以提高其时间价值，对尽快运送到目的地有特殊的要求，因而表现出不同于其他货物需求的特点。作为交通运输企业，在满足快件货运需求时，首先必须满足货主的时间要求。

（2）客运需求的种类

①根据旅客出行的目的分为普通客运需求和旅游客运需求。

普通客运需求的特点是旅客的目的大都是探亲、访友、出差等，因而运输需求者广泛，运输需求量稳定。而旅游客运需求者的目的是旅游，运输的范围一般为城市之间、城市和风景名胜之间，线路特殊。另外，旅游本身带有精神享受需求，旅客对车辆、服务等有较高的要求，从运输需求量的形成和变化方面看，旅游客运需求的季节性更加明显，波动性较大。

②根据旅客的时间要求不同可分为直达快运需求和一般客运需求。

不论旅客出行的目的如何，都希望有较少的在途时间占用，但在考虑其他因素（如票价）的情况下，不同旅客对时间的要求不同。直达快运可以满足一部分旅客的快速到达要求，为此，交通运输企业不仅要减少中途停靠站点，而且要采用先进的运输手段，如高速铁路、高速公路、性能良好的车辆等来满足这种客运需求。一般客运需求则是正常的技术与组织水平下的旅客运输需求，一般为定时、定点、定班，在途时间占用正常。

③按运输距离分为长途客运需求和短途客运需求。

长途客运需求的特点表现在旅客乘车大都是为了探亲、出差、上学等，起讫点一般为城市之间和较远的城乡之间，而短途客运需求者的出行目的大都是购物或在居住地的附近地区探亲等，因而和长途客运需求相比，短途客运需求者的出行频率高。

此外，按照客运服务质量可以将客运需求分为不同的种类。舒适的车辆、周到的旅途服务等会给旅客十分满意的精神享受。相反，缺乏安全性、车辆设施低劣、不良的旅途服务会给旅客带来某种精神不适。因此，旅客出行选择必然会有所不同，由此可将旅客运输需求分为不同的种类。当然，这种划分会随着人们的生活水平的提高而不断变化。

2. 按运输需求的范围可分为个别需求、局部需求与总需求

个别需求是指特定的货主或旅客所提出的运输需求，它因个别货物或旅客各自的特点而不同。从货运来看，有的货物因需要严格的运输质量管理来保证其自身的安全，如油品、化学品、危险品等；有的货物则需要运费低廉，如煤炭、木材、矿石、粮食等大宗散货、低值品等；有的货物在运输时间上有严格要求，如鲜活、易腐烂变质的货物等；旅客运输一般都要求尽可能快速到达目的地，而且要求安全、舒适。但不同年龄、不同性别、不同身份、不同职业的旅客因出行的目的不同，也对运输服务有着不同的需求。

局部需求是指不同地区因经济发展水平上的不同而产生不同的运输需求，或者是因自然条件等不同原因而产生的对某种运输方式的不同需求。它是一个中观经济范畴。我国国

土辽阔，不同的地区因资源和人口状况不同，以及经济发展水平的差异，而有不同的运输需求。如我国东部地区比较发达，因而运输需求量较大，西部地区的运输需求量则较少；东部地区经济发达，靠近沿海，地处江河的中下游，可利用水运之便，要求五种运输方式相互配合，而西部边远地区无水运可以利用，因而以对铁路、公路、航空的需求为主。

运输总需求是从全社会、整个国家宏观经济角度来考察的运输需求，即对旅客运输与货物运输整体所提出的需求，它是性质不同和具体要求不同的所有个别需求与局部需求的总和。

3. 按运输的区域分为区域内运输需求、区域间运输需求和过境运输需求

区域内的运输需求是指旅客运输和货物运输的起始点和终点都在同一区域内的运输需求。区域内运输需求是由这个区域内的经济发展和人们的社会活动决定的，它是最基本的一种运输需求。区域间的运输需求是指旅客运输和货物运输的起始点在某一区域内而终止点不在这个区域内的运输需求。区域间的运输需求反映了区域间经济、文化和社会发展的联系，区域间的运输需求越大，则所联系的各区域间的经济、文化和社会发展关系越密切。过境运输需求是指客货运输的起始点和终止点都不在某区域内，旅客和货物只是利用该区域交通线实现其位移。这种运输需求与该区的经济、文化和社会发展不发生关系。这种运量的大小主要取决于这一区域交通地理位置和通行能力。例如，由于上海港地处长江口，具有良好的地理位置，有许多货物需要在上海港实现中转，只需改换运输工具。

4. 按运输方式可分为铁路、公路、水路、航空、管道和联合运输需求

铁路运输需求是指长途旅客和远距离、大宗货物需要利用轨道运输快速可靠、运量大的特点满足的运输需求。公路运输需求是指中短途、小批量、机动性较强的集散货物需要利用公路运输在技术上和经济上都具有灵活性的特点满足的运输需求。水路运输需求是指煤炭、粮食、矿物、建材、轻工医药产品等大宗散货运输以及国际贸易方面需要利用江河湖泊和海洋的"天然航道"所能进行的廉价、大运量的运输需求。航空运输需求是针对那些时效性强的旅客运输和贵重货物运输，以其便利快捷、舒适安全等特点满足的运输需求。管道运输需求主要满足油、气的运输需求。

联合运输是综合利用某一区间中各种不同运输方式的优势进行不同运输方式的协作，使货主能够按一个统一的运输规章或制度，使用同一个运输凭证，享受不同运输方式综合优势的一种运输形式，如铁公水联运、铁公联运、铁水联运、公水联运和公航联运。商品流通的长途运输，往往不是一种运输方式所能完成的，即使是比较短的运输过程，也不可避免地要有某种运输工具为之集、装、卸、散。例如一个工厂生产出来的产品，由仓库搬

运、装载上汽车，由汽车集并到火车站、港口，装上火车、轮船运达目的地后，又要卸下并装上汽车或人畜力车送货上门进入用户的仓库。联合运输是社会发展的必然要求，是交通运输业共同的发展方向。

5. 按运输需求的性质可分为生产性运输需求和消费性运输需求

生产性运输需求是与人类的生产、交换、分配相关联的运输需求。消费性运输需求是以消费为目的的运输需求。一般来说，货运中对原材料、中间产品的运输都属于生产性的运输需求，而对最终产品的运输虽是消费的前奏，但也基本上属于生产性的运输需求，因为它是生产过程在流通领域中的继续。在客运中有生产性的运输需求，如乘车上下班、外出务工采购、推销等，也有消费性运输需求，如旅游观光等。从经济学的意义上来说，这两种需求的性质是不同的，因为前者是生产活动在流通领域中的继续，其费用计入产品生产的成本，后者则是一种消费活动，其费用来自个人或社会的消费基金。

（三）运输需求的基本特征

运输需求与其他商品需求相比，有其特殊性，这种特殊性表现在以下几个方面：

1. 非物质性

人们对商品的需求都是有形的物质性需求，需求的满足主要通过物质产品本身的效用实现而获得。而运输需求则和其他服务需求一样，消费者支付货币后，实际消费的并非物质产品，而是非物质性服务。

2. 广泛性

现代人类生产和生活的各个方面、各个环节都离不开物和人的空间位移。除一部分由个人或企业、团体自行完成外，大部分运输需求的满足都来自运输劳务的专门提供者。人类克服空间距离的阻隔而从事经济社会活动几乎是一项无时不有、无处不在的经常性工作，而这种努力总是以人员、货物的流动为标志的，由此产生运输需求广泛存在的客观物质基础。交通运输业作为一个特殊的物质生产部门，是所有经济社会活动赖以存在的基础。无论是宏观经济活动、中观经济活动，还是微观经济活动，无论是人们的生产活动，还是社会活动及文化交往，莫不如此，所以，运输需求广泛地存在于人类的各种活动之中，并随着人类经济社会活动的发展变化而变化。

3. 派生性

在人们的实际需求中，存在着包括运输需求在内的各种各样的需求。这些需求可分为两大类：一是直接性需求或称本源性需求；另一种为间接性需求，即派生性需求。在经济生活中，如果对一个商品或劳务的需求是由另一种或几种商品或劳务的需求所衍生出来的，那么对该商品或劳务的需求则为派生性需求，而对引起派生性需求的商品和劳务的需求则称为本源性需求。旅客乘车，不是他的最终目的，而是通过乘车实现其空间位置的改变，最终满足其探亲、访友或其他最终的需求。货主的运输需求也是如此，其购买运输劳务并不是其最终目的，而是为了生产或消费，如原材料及商品的运输都是为了实现从产地到消费地的物资转移。货物的移动绝不是目的本身，而是实现目的的手段：是为了使其进入生产过程，进行加工、制造，生产出更为有用的产品；或者是为了运抵市场，实现它的价值，进入消费，满足人们的消费需求。运输不过是一个中间环节。对于客运而言，绝大部分也是派生性需求，如乘车上班、外出采购等；极小部分也可能成为本源性需求，如人们生活水平提高以后，以乘坐各种交通工具作为自己的旅行目的之一。

4. 多样性

人类活动的目的形式是多种多样的，所产生的作用、关系也是丰富多彩的，由此产生的运输需求在方向、范围、强度和质量上也是各不相同的。在货运需求中，由于货物不同的物理、化学性质，以及在重量、体积、形状上的不同，需要不同的包装、保管和运输条件来保存它的使用价值，因而在运输过程中必须采取不同的技术措施。如油品等液体货物需要用槽车、罐车、油船、管道来运输，化学品、危险品以及长大件货物等也都要求特殊的运输条件。在旅客运输需求中，由于旅客的旅行目的、年龄、收入水平、职业等不同而形成不同的客运需求，如旅客的旅游运输需求、普通运输需求、通勤运输需求等。

不同的运输工具也对应着不同的运输需求，由于不同运输工具满足的需求是不同的，因而形成了铁路运输需求、公路运输需求、航空运输需求、水运运输需求和管道运输需求等。每一种运输方式内，也因运输工具的差异而形成运输需求的差别，如豪华高档车和中、低档车，以及大型和中、小型车的差别等。因客、货运输起讫点间的距离不同，可形成长途运输需求和中、短途运输需求。因旅客和货主对送达时间的要求不同而形成快速运输需求和普通运输需求等。

5. 时空特定性

运输需求是对货物或旅客进行空间位移的要求，而且这种位移是运输消费者指定的两点之间带有一定方向性的需求，即所谓运输需求的空间特定性。对于货物运输来说，运输需求在方向上往往是不平衡的，如通往林区、采矿场及煤矿的线路上，一般是进货少、出货多，或者是空车去、重车回，形成单边运输；通往加工工业基地及大城市的线路上，往往是运去原材料和燃料的重量远远大于运出的产品的重量，出现"一头沉"的情况。

运输需求在时间上也有一定的要求,这就是运输需求的时间特定性。运输需求的时间分布呈现不均衡状态。在一天之内、一年之内,甚至较长时期内,都是如此,因而有需求的淡季和旺季之分。从客运需求来看,周末和重要节日前后的客运需求明显高于其他时间;市内交通的高峰期往往是在职工上下班的时间;春季游览风景的旅客要比其他季节多;寒暑假期间,学生的运输需求集中;春节期间,回家探亲客流量急剧增大。对货运需求来说,由于大多数作为货物的物质产品在生产和消费上都有季节性,有的在生产上是均衡的,消费上却不均衡,如化肥、农药等;有的在生产上不均衡,消费上却是均衡的,如粮食、蔬菜等;有的生产和消费都不均衡,如水果等。从相对意义上看,这种季节性对所有货物都存在,如空调,虽然常年都可以购买,但在夏季其需求量会更大,而在冬季会进入一年的低谷期;在春节期间,食品的消费需求也比其他时候旺盛等。

在较长时期内,不同年份的运输需求也不相同,比如,宏观经济的周期性波动会使运输需求呈现相应的波动,有时不仅增幅下降,甚至绝对量也会比以前的年份有所下降,即出现负增长现象。因此,正确把握运输需求的波动性这一特征,对分析和预测运输需求的变化有着十分重要的作用。

6. 部分可替代性

一般来说,不同的运输需求之间是不能互相替代的,如人与物的位移需求不能互相替代,不同目的地的运输需求不能相互替代,不同种类的商品的运输需求也不能相互替代。但是在某种情况下,却可以对某些不同的运输需求作出替代性的安排,这当中有以下两种情况:

一是"外部替代",即指某种运输需求有时可以由运输以外的空间位移方式来替代。如煤炭的运输可以通过建立电站,架设长距离输变电线路来替代;在工业生产方面,当原料产地和产品市场分离的时候,人们可以通过生产位置的合理确定使运输成本降到最低限度;人员的部分流动在一定的情况下可以由现代通信手段来替代。

二是"内部替代",即指同一运输需求有时可以通过不同的运输方式来满足。无论是客运还是货运需求者,所需要的都是改变旅客和货物的空间位置,因此改变旅客和货物的空间位置这一基本效用,决定了不同种运输需求的可替代性。由于货物运输需求是以货物的位移为目的,铁路、公路、水运、航空、管道五种运输方式都具有这种功能。如石油的运输可以通过铁路,也可以通过公路和管道运输。尤其是在某运输通道中,同一运输需求完全可以通过不同的运输方式来满足。由于不同运输方式的技术经济特征不同,在不同的范围内,运输的经济效果不同,因而使运输需求有了一定的划分。在同一运输方式内的不同交通运输企业之间，也会因服务质量、运费水平高低等形成差别，因而也降低了不同运输需求的可替代程度。

在实际运输活动中，人们总是选择最适当的运输方式来满足运输需求，但不同运输方式之间的部分可替代性是客观存在的。影响货运要求的因素十分复杂，除了上述主要的、基本的因素之外，还有一些偶发的、不可预测的因素，如灾害、战争，以及个人的心理偏好等。因此，运输需求的替代性特征只能是总体上或相对意义上的，但这种特征又是客观存在的。作为交通运输企业了解这一特征，一方面可以清醒地看到运输市场面临的激烈竞争，稍有不慎，将会失去应有的运输市场份额；另一方面正确认识运输需求可替代的相对性，可以通过不断地改进运输劳务质量、运输劳务形式等，形成新的运输劳务差别，刺激新的运输需求，以占领相应的运输市场。

二、运输需求分析

（一）运输需求的影响因素

影响运输需求的因素是多方面的。旅客运输和货物运输有着本质的区别，所以影响旅客运输需求和货物运输需求的因素不同。

1. 影响货运需求的因素

（1）资源的分布与生产力布局

自然资源分布的不平衡性是世界普遍存在的地理现象，尤其是人类经济活动所必不可少的自然资源，如煤炭、石油、各种金属和非金属矿藏等的分布更是如此。

资源分布的状况同生产力的布局有着密切的关系，生产力布局合理化的重要原则之一是尽可能接近原料、燃料产地，而资源分布的不平衡性又决定着人们不可能将所有的生产据点都安排在原料和燃料产地，于是在原料、燃料产地就存在着大量的对外运输需求。生产力布局对货运需求的影响主要表现在货物的流向、运距和流量上。在既定的生产力布局情况下，原材料产地、生产加工地和产品市场地之间的距离是既定的，货物的流向和运距不会有大的变化，而只有流量因生产发展而出现变化。因此较短时期内，生产力布局对货运需求不会有实质性的影响，但在较长时期内，生产力布局对货运需求的影响则是很大的。无论是旧矿区的衰竭、新矿区的开发，还是新的生产加工中心、销售中心的形成等都会使货运需求发生大的变化，甚至一个城市的壮大也同样产生重要的影响。因此，在分析生产力布局对货运需求，特别是较长时期内的货运需求的影响时，必须全面了解生产力布局方面的变化情况。

(2) 经济规模与发展水平

货运需求作为派生需求,其大小首先决定于整个经济规模和经济发展的水平。随着经济的发展,物质生产部门的产品数量增多,商品流通规模和范围增大,都对货运需求产生广泛的影响。经济规模越大的国家和地区,运输需求则越大,不同经济发展水平的国家,在其经济发展的不同时期,对运输的需求在数量上和质量上都有很大的差别。西方发达国家工业化发展不同时期的运输需求的表现不一样。一般来说,在一个国家重化工业化的起步阶段,由于重工业的发展所产生的对原料、能源需求的增加,使采掘业和原材料工业迅速的发展,因此对大宗货、散装货物的运输需求急剧增加;而当加工制造业成为国民经济主导产业的时候,产品生产的专业化程度不断提高,使工业生产的特点向大批量、少品种方向发展,此时对大宗货、散货的运输需求虽有增长,但增长幅度开始下降,相反产成品的运量大增,而且由于出现零部件生产的专业化和生产工艺的专业化,中间产品如机器的零件、部件、配件的往返运输也造成运输需求的迅速增长,因而杂货运输、集装箱运输需求急剧增长;而当工业发展进入精加工阶段的时候,工业生产开始转入小批量、多品种阶段,经济增长对原材料、燃料的需求则明显减少,运输需求在数量方面的增长速度下降,但运输需求呈现越来越多样化,在方便、及时、快速等方面的需求则越来越高。就我国的情况来看,由于东部、中部,西部三个经济带的经济规模和发展水平具有明显的差异性,因而运输需求也呈现出一定的层次性,东部发达地区对杂货运输、集装箱运输需求迅速增长,中西部地区对大宗货、散货的运输需求则占主导地位。

(3) 产业结构和产品结构

所谓产业结构是指不同产业在整个经济中的比例关系,如农业、轻工业和重工业的比例,第一、第二和第三产业的比例等。

产业结构对货运需求的影响主要表现在,不同的产业结构必然引起不同的产品结构,而不同的产品结构意味着有不同的货物结构。从货物结构看,不同种类货物在运输需求的形成上是不同的,如基础产业的产品大都是原材料、能源之类,它们的突出特点是长、大、笨、重、附加值较小,运距较长,形成的运输量大,如煤炭、石油、粮食、矿石等,如果这类产品或货物占的比重大,必然形成的运输需求多。加工业、深加工业产品大都是最终产品或消费品,具有短、小、轻、薄、附加值高的特点,因此不仅运量小,而且运距较短,一般属于从最后产地到分布较广的消费地的运输,这类产品的货运需求较小。如果用单位社会总产值(工农业总产值、工业总产值)所产生的货运周转量(吨公里)来表示货运强度，那么重工业的货运强度最大，它大于轻工业，而轻工业又大于服务业。一些新兴工业，如电子技术、生物工程、信息产业等对运输量的需求很小，而对运输质量要求很高。因而不同国家、不同地区的产业结构不同，货运强度也就不同，而同一国家同一地区经济发展的不同阶段，随着产业结构的升级换代，货运强度也呈现出阶段性的变化。其次，生产不同产品所引起的厂外运量，包括原料、材料、辅料、燃料和能源的运进和中间产品及产成品的运出，也有很大的差别。

（4）产品的商品化率和就地加工程度

货运需求主要来自商品流通，因此如果一个国家或地区的生产社会化程度高，产品的商品化率高，其产品流通的规模较大，产生的运输需求就多。相反，如果产品的商品化率低，同样数量的产品就不会形成较多的运输需求。比如，过去我国的粮食生产，商品化率较低，农民生产的粮食除部分交售国家外，其余都就地存放起来。由于这部分粮食不参与流通，因而不能形成货运需求，但自从改革开放后，特别是粮食生产管理体制改革后，粮食流通的规模和范围大大增加。事实上，这些年来，我国货运需求大大增加的原因之一，就是随市场经济发展而导致的生产社会化、商品化程度的提高。

产品的就地加工程度也是影响货运需求的一个重要因素。若某种产品从初级产品就地加工到最终产品，例如棉花连续加工成布或服装，不但不需要中间产品在加工地之间的运输，而且随着最终产品的形成，各种废料的剥离，形成的运量也会大大降低。相反，若产品的就地加工程度较低，则中间产品的地区间往来必然形成较多的运输需求。

（5）运价水平

货运需求对运价水平的变动是有弹性的，即运价水平的变动对货运需求的变动有着直接的影响。一般而言，运价水平上升时，运输需求会受到一定程度的抑制，运价水平下降时，运输需求则上升。这也是运价之所以能充当调节运输供求关系的杠杆的原因所在。运价之所以能影响货运需求，关键在于运价水平的高低意味着货主所支付的运费水平的高低，而运费作为其产品生产成本的一部分会影响其产品成本的高低，继而影响其产品的售价、赢利以及市场竞争能力，也就是说，运价和货主的经济利益密切相关。同时，运价水平通过影响商品的市场范围的扩大或缩小，也影响着货运需求的扩大与减少。较低的运费能使同一商品运往更远的地方参与竞争，必然形成较多的货运需求。

（6）人口增长与分布

人口增长与分布的变化对货运需求也有很大的影响，这是因为人口增长必然引起粮食、油料、副食品、日用工业消费品等供应的增加，因此引起对运输需求的增加；大量人口流入城市必然引起城市消费能力的增加，因而也会引起大量的粮食、副食品及日用工业消费品等运往城市，以满足城市人口消费之需。因而货运需求必然随着城市化水平的提高而增长。

（7）国家的经济政策

国家的经济政策对短期内的货运需求有明显的影响。如果整个经济在扩张性的政策刺激下处于高速发展时期，则表现为投资规模扩大，能源、原材料需求增加，商品流通活跃，市场繁忙，对运输产生的影响就是运输需求急剧增加。相反，在整个经济处于紧缩政策抑制下放慢增长速度时，货运需求将明显地减少。除宏观经济政策外，还有影响某一地区和产业发展的有关政策，如产业政策、地区开发政策等。如果国家的产业政策发生调整，必然所扶持和限制的产业要发生变化，整个产业结构将跟着发生变化，特别是物质生产领域的各产业的变化将对货运需求产生直接的影响。

交通运输业本身的发展情况对运输需求着重要作用。良好的运输网络系统可以使货畅其流，增大货运量，反过来刺激经济的发展，经济的发展又引起运输需求的进一步增长，使国民经济出现良性循环；而滞后的运输网络和不合理的运网布局会抑制运输需求的增长，进而抑制经济的增长，使国民经济陷入恶性循环。

2. 影响客运需求的因素

在现代社会中，人们的经济与社会活动日趋频繁，活动的范围也日趋广阔，这些经济与社会活动除了有一部分可以借助于现代通信手段来完成以外，在多数情况下，要依赖于人们自身的出行活动来完成，其中除了个别近距离的活动依靠步行或以自行车作为代步工具之外，绝大部分出行活动要依赖各种运输工具，于是便产生人的运输需求。

影响客运需求的因素主要有以下几个方面：

（1）经济发展水平

旅客运输需求中的很大一部分属于生产和工作性客运需求，如外出采购原材料、推销产品、业务洽谈、技术交流、学习、各种会议等所产生的出行要求。从静态角度看，凡是经济发展水平高的国家、地区，旅客运输需求水平就高，相反，凡是经济发展较落后的国家和地区，旅客运输需求水平就较低。从动态角度看，经济高速发展的时期，旅客运输需求就较快增加，大量的人员因生产或工作需要而外出频繁；相反，一旦经济处于较低的发展时期，人们出行的频率相应会降低。此外，经济发展水平还通过影响人们的收入水平和消费而影响生活性的旅客运输需求。因此，经济发展水平同样是影响旅客运输需求的一个总量性因素。

（2）居民的收入水平

在旅客运输需求中，除生产性和工作性客运需求外，很大部分就是生活性客运需求如探亲、访友、旅游、外出休养等所产生的旅客运输需求。这些需求虽然会随人们收入水平的提高而增加，但最终还要受到收入水平的制约。正如前面所述，需求是需要和支付能力的统一，在人们收入既定时，要将有限的收入安排到吃、穿、住、行、用各个方面，先支付基本需要后，再满足高层次的需要。因此，当人们收入水平提高时，不仅需求量增加，而且层次也相应会提高，不但一般性的出行需求增加，而且旅游运输需求及其他社会交往方面的出行需求也会增加。近年来，我国的旅客运输量大幅稳定增长，平均运距也在增加，实际上都是收入水平提高的结果。

（3）人口的数量及结构

旅客运输的对象是人，因此人口的数量变化必然引起旅客运输需求的变化。人口密集的国家或地区，旅客运输需求水平就高，人口稀疏的国家或地区，旅客运输需求水平就低。人口数量增加时，旅客运输需求就相应增加。另一方面，人口结构对旅客运输需求也产生影响，而且这方面的影响作用比人口数量本身显得更加突出。同样数量的人口形成的运输需求量不同，比如，城市人口因大都从事各种工业、商业和服务业等工作，出行的频率要比生产单一、集中的农村人口形成更多的客运需求；同样，高收入的人口要比低收入的人口形成更多的旅客运输需求；中青年人口要比老年和少年等非就业人口形成更多的客运需求。因此，分析不同人口在总人口中的比重及变化，对分析客运需求来说，有极为重要的作用。

（4）旅游业的发展状况

随着社会经济的发展，特别是人民生活水平的提高，旅游需求在整个生活需求中的比重也在逐渐上升，因而旅游业被称为"无烟工业"。与旅游发展密切相关的就是旅客运输需求的增加。近年来的实践证明，旅游运输需求比一般的客运需求更具潜力。因此，在分析一国，特别是一个地区的旅客运输需求的发展变化时，也要重视对本地旅游业发展的考虑，其中不仅要考虑本地旅游资源的数量，还要考虑旅游资源的等级，以判别其对国内外游客的吸引力大小。

（5）经济体制和经济政策

在计划经济体制下，实行严格的户籍管理制度和劳动就业制度的国家，人口流动量少；而西方发达国家实行就业自由，有发达的劳动力市场，人口流动频繁，因此旅客生成密度和客运强度都大大高于原中央计划经济国家。但随着这些国家由计划经济向市场经济转轨的进行,劳动力市场的形成和扩大,人们在居住和就业方面的自由度也越来越大,人口流动也就越来越频繁,因此客运需求量在迅速增长。从国家经济政策方面看,政策对旅客运输需求有重要的影响。例如,改革开放以来,鼓励农村剩余劳动力流动的政策,使大批的农村人口进入城市从事各种经济活动,对旅客运输的需求产生了很大的影响。

(6) 相关运输线路的变化和运价水平的高低

由于各种运输方式之间存在着竞争与互补关系,所以一旦在原有的运输方式和运输线路之外再开通其他运输方式和运输线路,一方面会刺激客运需求总量增加,另一方面必然使原有运输方式和运输线路上的旅客需求减少,尤其是大型运输通道中,新的运输方式和运输线路对客运需求起着分流的作用。此外,在同一运输通道中,在运送速度、安全和舒适程度相近的情况下,运价水平的调整和变化会影响相关运输方式的客运需求。旅客运价水平的高低,对生产性旅客来说,运价要计入到企业的生产成本中去,对企业的经济活动效果直接产生影响;对消费性旅客来说,运价水平高低直接影响他们的生活开支,如果在运输需求满足方面的开支过大,在收入既定时,必然影响他们在其他生活需求方面的满足。因此,尽管旅客运输需求作为一种派生需求对运价的弹性相对较低,但运价提高时,旅客运输需求自然会减少,而当运价降低时,旅客运输需求会有一定的提高。另外,运价水平对个别企业的市场占有率来说,影响作用是很大的。一旦某一个交通运输企业提高运价,运输需求会转移到别的未提价的交通运输企业。

(7) 交通网的发达程度与汽车拥有量

从世界各国的比较可以看出,运输网密度越大的国家,客运强度也越高,美国是世界运输网密度最大的国家,因而也是客运强度最高的国家。公路运输是近几年发展最快的运输方式,其发达程度是该国综合运输体系完善程度的标志。公路运输对旅客出行而言不仅比铁路和水运有更大的机动性和灵活性,而且有最好的通达性,可以延伸到人类集聚的任何地点,而且是唯一可以由旅客个人驾车自由选择旅行路线的出行方式。因此,公路网的水平和汽车普及率是直接影响客运需求的重要因素。

总之,影响旅客运输需求的因素和影响货运需求的因素一样,不仅十分复杂,而且各因素影响的直接程度、作用大小程度、时间长短都不尽相同。因此,在具体分析时,必须结合一个地区在一定时期的实际情况,找出主要的、长期性的因素分析旅客运输需求变化的基本趋势,也要重视短期性的次要因素,分析旅客运输需求的短期变化情况。

(二) 运输需求变动的一般规律

运输需求起源于社会经济活动,而社会经济的发展具有一定的规律性,因此,运输需求也具有规律性。通常经济繁荣带来运输需求的增长，经济萧条带来运输需求的下降。在国际运输中，由于运输需求是由世界经济和国际贸易派生出来的，其发展变化同世界经济和国际贸易密切相关，但由于国际贸易和国际运输的特点，往往世界经济活动的兴衰反映到国际运输需求上有一定的时间滞后。

1. 运输需求在时效性上的波动性

一般而言，时效性强的货物，运输需求的价格弹性较小；时效性弱的货物，运输需求的价格弹性较大。例如，易腐货物，货主宁愿选择快速高价的运输工具尽快把货物运往市场，否则会因时间延误使货物本身遭受损失。在消费方面有季节性要求的货物也是如此。对旅客运输需求而言，其价格弹性大小除取决于需求的可替代性、时效性以外，还取决于旅客出行的必需程度及收入水平等。例如，为了生产、工作和一般的探亲、上学等而发生的旅客运输需求，其必需程度相对较高，运价的变化对这部分的运输需求所产生的影响较小。为了旅游、娱乐等而产生的运输需求，其必需程度相对较低，因而这类旅客运输需求对运价的弹性较大。从收入水平看，高收入的人，由于运输费用支出在其生活费用总支出中所占的比重较小，更多的是考虑需求的满足而不是运费支出、因而对价格的弹性相对较小；而收入水平低的人则更多地考虑运费支出、运价变动，特别是运价提高时，必然要作出较灵敏的反应。

2. 运输需求在波动中呈上升趋势

无论是货运需求还是客运需求，都在波动中呈上升趋势。首先，由于社会经济不断发展，作为社会经济发展派生物的运输需求必然也不断提高，在这一点上，运输需求和一般消费品需求形成了明显的对比。这也是分析运输需求变化时的一个最基本的立足点。其次，尽管货运需求和旅客运输需求总体呈上升趋势，但却是在波动中上升的，而且这种波动无法避免，具体表现为一年之内的不同季度、不同月份，一月之内的不同周、日，以至不同年份之间等，运输需求量的分布不均衡。从货运需求的波动看，其根本原因在于物质产品生产和消费的季节性。有些产品生产有季节性，消费却是均衡的，如粮食；有些产品生产均衡，消费却有季节性，如化肥、农药，以至大多数工业产品；有些产品则生产和消费都具季节性。从旅客运输需求的波动看，其根本原因也是由旅客生产、工作、学习、探亲活动的季节性引起的，此外，节假日、作息制度也是重要的原因。了解这一点，对于准确把握短期内运输需求的变动有着重要的意义。

3. 运输需求波动增长中呈现差别

不同的运输需求种类，其波动程度的大小是不同的，因此有的运输需求增长较稳定，有的运输需求则大起大落。造成这种现象的主要原因是不同的运输需求有不同的需求弹性。如旅客运输需求比货运需求稳定。在旅客运输需求中，普通客运需求比旅游运输需求稳定。在货运需求中，不同货物的运输需求的波动程度也是不同的。由于运输需求的波动程度不同，意味着运输市场的稳定程度有高有低。了解运输需求变动的这一特点，可以根据一定时期不同运输需求，采取相应的措施，以赢得更多的市场份额，特别是针对某个地区的运输需求进行分析时，更应注意这一点。

4. 运输需求变化与运输供给变化的不一致性

在运输市场中，需求和供给经常会同时发生变动。但由于运输供给的变化是比较稳定的，而运输需求却在波动中变化，因此使运输需求和运输供给之间在变化上呈现不一致性。但最终，运输需求和运输供给会通过相互影响实现运输量和运价的均衡。

三、运输需求预测

预测是人们根据某一事物发展的规律、历史和现状，通过分析影响其变化的因素，对其发展前景和趋势预先进行的一种推测。运输需求预测则是人们根据运输需求规律、历史和现状，分析相关因素，对运输需求发展的状况、前景和趋势预先进行的一种推测。运输需求预测是运输需求分析中的一项重要内容，也是一项基础性的工作。预测的根据是否正确、充分，方法是否科学、可靠，结论是否符合实际，对于进行各种运输经济分析、研究和决策都将产生重大的影响。

（一）运输需求量预测与运量预测

首先，我们必须弄清楚"运输需求量"和"运量"这两个既相区别又相联系的概念。运输需求是人们对人与物进行空间位移而产生的有支付能力的需要，而运输量是在一定的运输供给条件下所能实现的人与物的位移量。运输需求作为有支付能力的需要，当然一定要通过具体的人与物的位移量即运量表现出来，所以在一般的情况下，运输需求量与具体实现的位移量应该是一致的，于是人们习惯上都把运输需求量与运量等同起来，随之也就把运输需求量预测与运量预测等同起来，或者说用运量预测来代替运输需求量预测。这里隐含着一个前提或假定，即所谓一般的情况就是假定需求与供给是均衡的，或者说是基本均衡的，或者在供给大于需求的情况下，运输需求量才是现实的运量。但是假如在供给与需求不平衡，供给不足的情况下，实际运量肯定要小于经济发展所产生的运输需求量。实际运量小于需求量的那一部分，不是由于人们的支付能力不足造成的，而是由于供给不足造成的。在分析影响运输需求的基本因素时把运输网的完善程度和质量作为一个重要因素来分析，就是说经济发展实际的运输需求能否实现，不仅取决于支付能力是否充足，而且还取决于运输供给能力是否充足，在运力完全能满足社会需求的情况下，运量才是需求量，而当运输供给严重不足的时候，现实的运输量只是运输需求量中的一部分，而不是它的全部。

由此可见，弄清"运输需求量"和"运量"这两个概念间的区别与联系是完全必要的。在以往的预测工作中，人们主要采用以过去的历史运输量数据来预测未来的运输需求，以"运量预测"代替运输需求量预测，这种做法是值得认真研究的。虽然，改革开放以来，特别是近十多年来我国交通运输业有了很大的发展，高速公路的修建在很大程度上缓解了长期以来运力紧张的形势。但运力紧张在局部地区和运输高峰期依然存在，因此在对运输需求进行预测时，不能不考虑运输供给能力限制的影响。因此，用现有的实际运量来预测需求量显然是不符合实际的。

在实际工作中进行运量预测时，要在运量预测的基础上，对所测结果通过适当的系数加以调整，才能真实地反映经济发展对交通运输业提出的实际需求。

（二）运输需求预测的分类

运输需求预测的范围很广，内容也十分丰富。按照不同的预测对象、范围、内容和时间、主体等，可以把运输需求预测划分为不同的类型。

按照运输对象来划分，可以把运输需求预测划分为货运需求量预测和客运需求量预测。这种分类也是最基本的分类。

按照运输需求的范围来划分，可以划分为总需求预测（即全国的运输需求量预测）、局部需求预测（即各个地区的运输需求量预测，国民经济各个部门的运输需求量预测，对各种运输方式的运输需求量预测）以及个别需求预测（即个别运输线路或个别企业的需求预测）。

按照预测的内容来划分，可以分为发送量预测、到达量预测、周转量预测和平均运程预测。在各地区的客货发到量测定之后，往往还需要预测各地区的内部运量和各地区之间的客货交流量。这些交流量还要在不同的运输方式之间和不同的运输线路之间进行分配。从大的方面可以概括为总需求量及其分布预测与客货流预测这两大部分。其中总需求量及其分布预测是比较抽象意义上的预测，它只是把握总需求量及其在全国各个地区、各个部门的分布情况，包括发送量、到达量、周转量与平均运程等。这些预测有时是分货种的，分旅客类别的，有时则是笼统的、抽象的。其特点是只考虑总量及其大体上的分布，基本上不涉及具体发送地、到达地，也不涉及具体的运输线路上的客货流分布情况。客货流预测则不然，它是在已测出的客货运需求总量及其分布的大体情况的基础上，将其具体地分配到各运输方式当中和各运输线路之上，所以客货流预测更具体、更实际。

按照预测时间的长短，运输需求量预测可以分为短期预测、中期预测和长期预测。例如，以年为预测的时间单位，一般以 1~5 年为短期预测，5~10 年为中期预测，10 年以上属于长期预测。此外，有时还可根据需要做一年内的各季度、月甚至上、中、下旬的更为具体的短期预测。

预测的主体可以是多方面的，既可以是经济管理综合部门，也可以是中央或地方的运输主管机构，还可以是各类交通运输企业。对于不同预测主体来说，运输需求预测有不同的用处：对于国民经济宏观管理部门来说，运输需求量预测是编制国民经济计划，制定经济发展战略，进行运输基础设施建设的基本依据；对于各级运输主管机构来说，运输需求量预测是对各种运输方式进行规划和进行有效的宏观调控的重要依据；对于具体的交通运输企业来说，运输需求量预测是企业制定经营战略，进行科学决策的重要依据。

（三）运输需求预测的基本方法

1. 定性预测法

定性预测法即以经验总结、理论分析、逻辑判断和推理等方式对运输需求的未来发展趋势和状况所进行的预测。定性预测主要以研究运输需求发展变化的规律为基本出发点，以分析影响运输需求变化的各因素为主要内容，通过一定的程序，如函询调查、专家座谈、分析综合等，进行逻辑判断和推理，提出预测分析意见，为预测未来需求变化提供主要依据。

定性预测方法是运输需求预测的基本方法和重要组成部分，它不只是在对运输需求未掌握详细的统计资料，无法以定量的方式进行分析的情况下才得以应用的，而是在定量预测中也要用到的基本方法。如对各个变量的特征、相互间的关系、有关参数的确定等必须进行定性分析。

定性预测是定量预测的基础，离开了定性分析，定量分析的科学性也就无法保证。定性预测的应用范围相当广泛，无论是进行宏观总量的预测，还是进行中观和微观的预测，无论是政府部门，还是运输主管机关，以及各类交通运输企业，都可以应用。

2. 定量预测法

定量预测方法也即数量分析预测方法，主要有以下几种：

（1）递增率法

递增率法是根据客货运量的预计增长速度进行预测的方法。一般的做法是，先分析历史年度客货运量增长率的变化规律，然后根据对今后经济增长的估计确定预测期客货运量的递增率，再预测未来的客货运量。

递增率法的关键是确定增长速度。一般用于运量增长率变化不大，或预计过去的增长趋势在预测期内仍将继续的情况。递增率法也常用于综合性运量的预测。其计算方法简单，但预测结果显然也比较粗糙。

（2）乘车系数法

乘车系数法是以总人口和平均每人乘车次数预测旅客发送量的方法。乘车系数指一定范围内旅客发送量与人口数的比值。在全国范围内，乘车系数为总客运量与全国人口的比值，在交通运输企业或车站范围内，乘车系数为吸引范围内总客运量与总人口的比值。

乘车系数可以根据历年资料和今后可能发生的变化确定。乘车系数法也有其局限性：一是该系数本身的变动有时难以预料，不同运输工具运价比例的变动，休假制度的改变，经济紧缩对农民进城工作的影响等，都会使乘车系数出现较大摆动；二是总人口在考虑到间接吸引区时要比仅考虑直接吸引区要复杂得多，不容易精确计算。

（3）产值系数法

产值系数法是根据预测期国民经济的总量指标（如工农业总产值、社会总产值、国民生产总值或公民收入等）和确定的每单位产值所引起的货运量或客运量去预测总运量的方法。

产值系数法可以用来预测全国的总运量，也可以预测地区的总运量，但全国与地区、地区与地区之间，不同总量指标之间，以及不同运输方式之间，不同时间之间的产值系数可能存在很大的差别。

（4）产运系数法

产运系数法是根据某种货物的运量随其生产总量发生变化的规律性预测货运量的方法。无论是从全国还是从地区看，一些主要货物的发送量与其生产总量的比值（即产运系数=货物的年发送量/货物的年生产量）总是相对比较稳定的，这些货物包括煤炭、石油、钢铁、金属矿石、水泥、木材、粮食、化肥、盐等。可以根据它们的未来产量预计未来该货物的发送量。

与产值系数法相同，产运系数法的关键也是要把握好在长期的变化中具体产运系数的变动趋势。如石油、煤炭、钢铁、金属矿石、矿建物质等大部分货物的铁路产运系数有不同程度的下降。一般说来，生产布局的改变，大、中、小型企业产量构成的变化，基建投资结构的改变，进出口量的多少，产、供、运、销关系的变化和各种运输方式分工结构的变化，都可能引起货物产运系数的变化。预测期各主要品类货物的产运系数确定以后，就可依据前述预测公式计算各类货物的运量，然后还可加总得到货物总运量的预测值。

(5) 产销平衡法

所谓产销平衡，是指在一定范围内，相同用途的某种物资的生产量、消费量和运输量之间的平衡。通过产销平衡计算，可推算出该种物资在一个车站、一个枢纽、一条线路或一个地区的发送量和到达量（输出量和输入量）。对于生产量大于当地消费量的地区，物资是输出的；对于消费量大于当地生产量的地区，物资则是输入的。

产销平衡法是一种细致的运量预测方法。从理论上讲，它可以达到相当的精确度，而且还可以为下一步继续研究地区间货流打下基础。但该方法的使用也受到一定限制。首先，预测者必须掌握各种物资产、供、销的全面情况和资料，不仅要有主要产品的生产量及其分布的资料、消费量及其分布的资料，还需要掌握进出口量、生产企业自用量，以及各生产单位库存量的变化等资料。其次，同一品名但用途不同的货物，不能混在一起进行产销平衡计算。例如煤炭中有炼焦煤、动力煤和居民用煤等的差别，炼焦煤又分为好几个品种；石油可分原油、成品油和渣油，成品油又有汽油、煤油和柴油的区别；钢铁产品的种类更是不胜枚举。这些不同种类的物资用途各异，不能随意地相互替代，因此需要对其中的每一种货物都单独进行产销平衡计算。而另一方面，有些品名不同的货物在使用中又具备某种可替代性，如渣油和动力煤之间、钢材和木材之间等，可以在一起进行换算平衡，这又增加了该方法使用的复杂性。

由此看来，产销平衡法所要求的条件比较严格，必须占有非常详细的资料，而且只能对用途一致的少数几种物资进行详尽的分析预测。

(6) 比重法

比重法是在总运量已用某种方法预测，进而估算其中部分运量的方法。例如各种运输方式在总运量所占的比重，总是根据一定规律变化的，当总运量已知，各种运输方式的运量就可以在分析历年变化趋势的前提下加以分配。又如某种运输方式的总货运量中，各主要品类货物所占的比重，也是按照一定规律变化的。在总货运量已预测出的情况下，可以根据运输结构变化的分析，预计各主要品类将占有的比重，进而预测它们的运量。

（7）移动平均法

移动平均法就是借助移动平均数修正资料数据的变动，以描述其趋势的方法。所谓移动平均，就是按时间数列的一定项数求序时平均数，逐项移动，边移动边平均，计算出一系列的平均数。这样，就可得出由移动平均数构成的新的时间序列。新的时间序列可以把原数列中的某些不规则变动，特别是周期性变动加以修正，从而呈现长期变动的基本趋势。

（8）回归预测法

回归预测法是通过找出预测对象和影响预测对象的各种因素之间的统计规律性，建立相应的回归方程进行预测的方法。回归预测法是应用最多也是最基础的一种预测方法。

这些方法都是在充分占有大量而又准确，系统而又完备的数据资料的基础上，根据运输需求的规律和特点，结合实际经验和客观条件，选择或建立定量化的数学模型，通过分析和计算，来推断运输需求未来发展和变化趋势的定量预测方法。定量预测方法对所占有的大量数据，通过数学方法进行科学的加工和处理，目的在于揭示各个变量之间的相互关系及其规律，作为预测的基本依据。然而，定量预测方法所采用的数据毕竟仅仅是对过去和现在的运输需求状况的反映，据此预测其未来，必须对影响其变化的诸多因素予以充分的认识，并掌握其变化规律，正因为这些因素是多方面的，各因素变化的情况也是错综复杂的，有些甚至是不可预见的，某些因素甚至是无法进行定量化描述的，因而数学模型的选择和建立在大多数情况下是不可能把所有因素都考虑进去的。因此，定量预测的结果和未来的发展实际有若干误差是不可避免的。

3. 综合预测法

综合预测法即把定性预测与多种定量预测方法相互结合加以运用的一种方法，这种方法主要是综合了定性和定量方法各自的优点，使之互为补充，相互验证，取长补短。因为任何一种预测方法均有其特定的适用范围和具体的适用条件，因而可以说都有一定程度的局限性，没有一种万能的方法来进行运输需求预测，因而将多种方法结合起来加以运用往往是十分必要的。综合预测法有利于从不同角度引入更多的相关因素，以便全面分析运输需求变化的规律性，并且可以对各种不同的预测结果进行比较分析，找出并消除各种不确定因素，因而综合预测法的利用，更有利于提高预测结果的可靠性和准确程度。

第二节 交通运输供给

一、运输供给概述

（一）运输供给的概念

一种物品的供给是指厂商在一定的价格上所愿意出售的物品或服务的数量。供给包含两个层次的含义：微观层次上表示一家厂商在一定价格上所愿意出售的物品的数量；宏观层次上指市场中所有厂商在一定价格上愿意提供的物品总量，又称市场供给。因此，运输供给的概念也包含这两个层次的含义。

运输供给是指运输生产者在特定的时间、空间内，在各种可能的运输价格水平上，愿意并能够提供的运输产品或服务。运输供给在市场经济中的实现必须同时具备两个相互关联的条件：一是运输生产者有出售运输产品或提供运输服务的愿望；二是运输生产者有提供某种运输产品或运输服务的能力。这两者是缺一不可的。

微观层次上，单个运输生产厂商所愿意提供的运输产品数量与该产品的价格和成本有关；宏观层次上，运输产品市场总供给取决于市场中该运输产品生产者的数量和每个厂商所能够和愿意提供的产品数量。

运输供给包含四个方面的内容。

1. 运输供给的数量

运输供给的数量通常用运输设备的运输能力来表示，以说明运输供应商所能提供的运输产品的数量和规模。

2. 运输方式

运输方式指公路、铁路、水运、航空和管道五种运输方式。由于各种运输方式具有不同的技术经济特征，因此不同运输方式呈现相互区别的供给特点。

3. 运输布局

运输布局指各种运输方式的基础设施在空间的分布和活动设备的合理配备及其发展变化方面的状况。

4. 运输管理体制

运输管理体制表明了交通运输业发展的结构、制度、资源配置的方式以及相应的政策、法规等。

运输供给的能力由交通基础设施和运载设备两个部分构成。铁路、公路、航道、管道等运输线路及车站、港口、机场等交通基础设施形成了运输供给的物质技术基础，是运载设备运行的载体；铁路机车车辆、汽车、船舶、飞机等运输设备和运输线路共同构成了运输的生产能力。虽然在运输管理体制上，交通基础设施与运载设备的管理可能分离，但是在运输生产能力的形成上，两者是紧密结合，缺一不可的。

（二）运输供给的分类

运输供给按不同的分类依据可划分为不同的种类。

1. 从范围上可分为个别供给、局部供给和总供给

个别供给是指特定的运输生产者所能提供的供给。在我国社会主义市场经济条件下，运输生产者从属于不同的经济成分，分属于不同的运输方式，各个运输生产者自身的情况是千差万别的，因此他们所能提供的供给情况和能力也是不同的。个别供给属于微观经济的范畴。局部供给是指某个地区的运输生产者所能提供的运输供给，或者是某种运输方式所能够提供的运输供给。它是一个中观经济范畴。我国国土面积辽阔，地区经济发展不均衡，各个地区的运输布局状况不一，各种运输方式的分布及其所提供的运输供给能力也是不同的。一般来说，经济发达地区的运网密度较大，交通运输业比较发达，因而运输供给能力相对充足，而边远地区、经济落后地区的运网稀疏，交通运输业落后，所能提供的运输供给能力往往是不足的。运输总供给是从全社会、整个国民经济角度来考察的运输供给，它是千千万万个运输生产者从不同角度、不同地域、不同运输方式所提供的个别供给和局部供给的总和。

2. 从地域上可分为区域内、区域间和通过运输供给

区域内的运输供给是指所提供的客货运输的起讫点都在某个特定的区域范围内；区域间的运输供给是指客货运输的起讫点有一方在本地区，而另一方则在其他地区，它是区域间建立经济、社会和文化等各方面关系的必要条件；通过（过境）供给是指客货运输的起讫点都不在本地区（国家），运输生产者只是利用其自身所处的独特的地理位置和特定的交通线来为别的地区（国家）的旅客或货物提供空间位移的方便，它与本地区的经济、社会和文化发展并不发生直接的关系。一般来说，在重要的交通枢纽和重要的运输通道上都

会有大量的此类运输供给。

3. 从性质上可分为生产性和消费性运输供给

运输生产者所提供的货物运输一般来说都属于生产性运输供给，它属于生产过程在流通领域中的继续；运输生产者所提供的旅客运输既有生产性运输供给，也有消费性运输供给。前者如为旅客外出务工、采购、推销等而提供的运输供给，后者如为旅客休闲、度假、旅游等而提供的运输供给。

（三）运输供给的基本特征

1. 运输产品的不可储存性

交通运输业提供的产品是旅客或货物的位移，产品具有无形性的特点，运输的生产与消费同时进行，因此，运输产品不可储存，只能储存运输能力。由于运输需求具有很强的波动性，因此，在一定时期内相对稳定的运输生产能力很难与运输需求和谐匹配，运输生产难以均衡，运输供求关系随着需求的波动经常发生变化，相应地造成交通运输企业均衡生产和服务质量控制的困难。

2. 运输供给的整体性

运输供给的整体性特征是十分显著的，在运输供给的构成中我们已经说明了运输供给的两部分，即交通基础设施与运输设备是互相依存、不可分割的整体，无论是只有交通基础设施，还是只有运输设备，都不能形成现实的供给能力，这无疑是运输供给整体性的一个突出表现。除此之外，运输供给的整体性还可以从以下两个方面表现出来：

（1）交通基础设施的整体性

交通基础设施，如铁路、公路、航道、管道等运输线路及车站、机场、港口等，这些交通基础设施是提供运输供给的物质技术基础，是运输设备得以运行的载体，它们也是互相配合、不可分割的统一整体。从这些基础设施的建设来说，它们是需要统一规划、统一设计、协同施工，相互配套，共同形成生产能力的。人们不能只建线路、不建港口和枢纽，更不能反其道而行之。从宏观经济的角度来看，一个国家的综合运输网也是不可分割的统一整体，必须相互协调配合，才能形成现实的供给能力。比如在现实的运输生产活动中，往往由于某种原因会在运输线路上形成一些"限制口"而影响整个运输线路的运送能力，甚至影响整个运输的总体效能。如我国现行铁路网中的"限制口"有山海关、天水、株州、柳州等，一旦打通这些"限制口"，铁路的运输供给能力就会大幅度增加。再如遇到自然灾害或有交通事故发生，整条运输线路、相关线路甚至整个路网的生产能力都会受到影响。

（2）运输设备的整体性

运输设备包括火车、飞机、轮船、汽车等能够在一定运输线路上运行，并能在站、港、场等合适的地点停靠的运输工具。不同运输设备的结合才能形成现实的运输供给能力。这些运输设备也具有整体性、不可分割性。

3. 一定的公共性

运输供给一定的公共性表现在以下两个方面：一是在铁路、公路、航空、水运等运输方式中，都存在着大量的公共资本，如运输线路、航道、车站、码头、机场等建设上的投入，莫不如此。这些公共资本多作为公益性的基本建设，大都由政府部门来投资，同时因这些公共资本投资所形成的成本比较难于分摊，一般不在相应运输方式和交通运输企业的营运成本中进行核算，所以通常所计算的运输成本中大都缺少公共资本所形成的成本。然而，公共资本却可以极大地影响运输供给的能力和水平，所以在一般的情况下，交通运输企业享受着这部分社会资本的优惠。由于公共资本一般由政府投入，运输供给水平的控制权理应掌握在政府的手中，成为政府对交通运输业进行管制和宏观调控的重要物质基础；二是运输供给也为全社会提供"搭便车"的机会。如一条交通线路的投入使用，不仅会给附近的工商企业、居民以至全社会带来诸多直接的方便和好处，使本不能满足的运输需求得到相当程度的满足，而且还会间接地为企业、居民和社会提供诸多良好的机会。它会使沿线附近土地的身价倍增，价格陡涨；它会给工商企业带来良好的商业机会，极大地激发他们的投资热情；紧接着就是沿线工商企业的兴起，房地产价格的上扬，商业的繁荣，文化教育事业的发达等，为经济、社会和文化的发展沿着点、轴、带模式向外扩张，创造各种有利的机遇。

4. 运输供给的外部性

如果某人或企业从事经济活动时给其他个体或社会带来危害或利益，而它们并未因此支付相应的成本或得到相应的报酬，经济学将这种现象称为存在外部性（Externalities）。外部性指个人或企业不必完全承担其决策成本或不能充分享有其决策成效，即成本或收益不能完全内部化的情形。外部性分为两种类型：负外部性和正外部性。个人或企业不必承担其行为带来的成本是负外部性；个人或企业不能得到其决策和行为带来的额外收益则是正外部性。

运输供给具有较强的负外部性特点，表现在两个方面：一方面是当运输生产商超额生产时，一部分运输成本转嫁到消费者身上。由于运输生产者不能储存运输产品，只能储存运输能力，而运输能力在特定时期内是相对稳定的，因此，当运输需求高峰期到来时，运输供给在较大范围内超额生产，而并不带来运输成本的明显上升。在我国的旅客运输中经常见到这种情况。交通运输业可以在成本增加很少的情况下，在需求允许时，增加供给量，但伴随而至的是运输条件的恶化，运输服务质量的下降，使得本应该由交通运输企业承担的成本部分地转嫁到消费者身上。另一方面是由于运输活动带来的空气、水、噪声等环境污染，能源和其他资源过度消耗以及交通堵塞等成本也部分地转移到交通运输业的外部成本中。

5. 时空特定性及其差异性

运输生产的时空差异性是由于运输需求在运输时间上的不规律性，在运输方向上的单向性，个别运输需求对运输设备的适应性等所造成的运输供给与运输需求不匹配所形成的。交通运输企业为了实现供需的时空结合，经常要付出空载行驶的代价，导致运力浪费。如有一列火车由某城市开往林区，目的在于运回木材，为满足这一运输需求，它不得不空载而走，满载而归，造成单程空驶。

6. 部分可替代性

运输供给是由多种运输方式和多个运输生产厂商的生产能力共同构成的。由于运输产品的核心是提供旅客和货物的位移，因此，运输产品之间具有可替代性。在同一方向、具有相同或相似技术经济特征的运输方式或交通运输企业所提供的产品就形成了较强的竞争态势。同时，由于运输产品在时间、运输方向、运输距离等特征上存在差异，旅客、货主对运输产品服务的经济性、方便程度、快捷程度等质量的要求不同，使得不同运输方式间或同一运输方式中不同交通运输企业间运输产品的替代性受到限制，这种限制又使得每种运输方式间或同种运输方式中具有差别的运输服务都可能在某一领域的运输供给上形成一定程度的垄断。因此，运输供给的替代性和不可替代性是同时存在的，运输市场的供给之间既存在竞争也存在垄断。

二、运输供给分析

（一）各种运输方式的技术经济特征

运输供给是由五种运输方式共同构建的。由于五种运输方式的技术经济特征不同，各自的优势领域也有所差别。因此，充分认识各种运输方式的技术经济特征，对于有效地整合运输供给能力，使其发挥最大的作用是十分必要的。

1. 铁路运输的技术经济特征

铁路运输是指利用机车、车辆等技术设备沿铺设轨道运行的运输方式。

（1）铁路运输的优势

①铁路运输能力大，适合于大批量商品的长距离运输。

②铁路运输受气候和自然条件影响较小，运输的通用性、连续性能好，与其他运输方式相比，在运输的准时性方面具有较强的优势。

③铁路运输成本较低。铁路运输成本略高于水运，但明显低于公路和航空。

④铁路运输的运输速度较快。我国铁路旅客列车在一些区间上最高速度可达到 250 km/h。发达国家高速铁路的速度在 300 km/h 以上。随着我国客运专线和高速铁路的建成，我国铁路运输的速度将大大提高。总体而言，我国铁路运输的速度低于高速公路和航空，高于水运和管道。

铁路运输可以方便地实现背驮运输、集装箱运输及多式联运。

（2）铁路运输的劣势

①铁路按列车组织运行，在运输过程中有列车的编组、解体和中转改编等作业环节，占用时间较长，因而增加了货物的运输时间。

②铁路运输中的货损率比较高，而且由于装卸次数多，部分种类货物毁损或丢失事故通常也比其他运输方式多。

③除了托运人和收货人均有铁路专用线的条件外，铁路运输一般不能实现"门到门"运输，通常要依靠其他运输方式配合，才能完成运输任务。

④铁路运输的投资较大，固定成本较高，建设周期长，占用土地较多。

因此，铁路运输主要适合承担大宗货物的中、长距离运输，也较适合运输散装货物（如煤炭、金属、矿石、谷物等）和罐装货物（如化工产品、石油产品等），以及大批量旅客的中、长途运输和货物的集装箱运输。

2. 公路运输的技术经济特征

公路运输是继铁路和水运之后发展的运输方式，公路运输在 20 世纪 60 年代之后的发展使世界上一些经济发达国家改变了一个多世纪以铁路运输为中心的局面，公路运输在各种运输方式中的地位日益增强。公路运输的迅速发展，与公路运输的技术经济特征密不可分。

（1）公路运输的优势

①运输速度快。公路运输在途中不需中转。据国外资料统计，运输距离在 200 公里以

下时，公路运输的运送速度平均比铁路快4~6倍，比水运快10倍。汽车除了可以沿公路网运行之外，还可以深入工厂、矿山、车站、码头、农村、山区、城镇街道及居民区，空间活动领域大，在直达性上有明显的优势。

②灵活、方便。汽车运输既可以成为其他运输方式的接运方式，又可自成体系，机动灵活，可以满足多方面的运输需求。汽车的载重量适应范围很大，小的只有0.25吨，大的有几十吨、上百吨，汽车运输对客、货批量的大小具有很强的适应性。

③原始投资少，经济效益高。据国外资料介绍，一般公路运输的投资每年可以周转1~2次，而铁路运输3~4年才周转一次。尽管高速公路的造价高出一般公路造价十余倍，但由于可以节省时间、燃料、维修等费用，高昂的造价可以在短期内得到补偿。

④驾驶技术容易掌握。培训汽车驾驶员一般只需半年左右的时间，而培养火车、轮船及飞机驾驶员需几年时间。相比较而言，汽车驾驶技术比较容易掌握。

（2）公路运输的劣势

公路运输也存在一些问题，主要有：单位运输成本较高；运行的持续性差；油耗大、环境污染比其他运输方式严重；客运的舒适性较差；交通事故的发生率较高。

基于上述特点，公路运输的主要功能有：独立担负经济运距内，主要是中短途运输任务，由于高速公路的快速发展，汽车运输从短途逐渐形成短、中、长途运输并举的局面；补充和衔接其他运输方式，当其他运输方式担负主要运输任务时，由汽车担负起点和终点处的短途集散运输，完成其他运输方式达不到的地区的运输任务。

3. 水路运输的技术经济特征

水路运输是指利用船舶在江河、湖泊、人工水道以及海洋上运送旅客和货物的一种运输方式，是货物运输中的一个重要组成部分。水路运输按其航行的区域，可分为海洋运输和内河运输两种类型，海洋运输又可分为沿海运输和远洋运输。水路运输发展历史悠久，在现代运输中发挥着重要的作用。

（1）水路运输的优势

①投资少。水路运输可以利用天然水道，基本建设投资少，其投资每公里仅相当于公路建设和管道铺设所需投资的1/10，只相当于铁路投资的4%。与其他运输方式相比，水运对货物的载运和装卸要求不高，并且占用土地较少。

②载运量大，航道通过能力强，发展潜力大。船舶的最大载运量为几十万吨，一艘万吨级轮船的载运量相当于3~6列火车的载运量。随着各种专用船、兼用船、多用途船、集装箱船和滚装船等新型船舶的出现和发展，水运的运输能力又有新的提高。

海运航道的通过能力强,是其最突出的特点,如马六甲海峡可供 20 万吨级的巨轮通过。内河航道的通过能力虽然不及海运,但也十分巨大。我国长江下游的运能几乎不受限制。

③运输成本低,节省能源。水运是各种运输方式中成本最低的一种,尤其是大宗货物的长距离运输,成本更低。水运消耗单位功率、单位燃料、材料、单位劳动力所获得的运量高于铁路、公路和航空。水运在完成较大运量的同时也节省了能源。

(2) 水路运输的劣势

①船舶平均航行速度较低。

②水运生产过程由于受自然条件影响较大,特别是受气候条件影响较大,因而呈现较大的波动性和不平衡性。

③直达性差,一般需要与其他运输方式配合才能完成运输全过程。

根据水路运输的上述特点,在综合运输供给体系中,水路运输的功能主要有:承担大批量货物,特别是集装箱运输;承担原料、半成品等散货(如建材、石油、煤炭、矿石、粮食等)的运输;承担国际贸易运输,是国际商品贸易的主要运输方式之一。

4. 航空运输的技术经济特征

(1) 航空运输的优势

①速度快。这是航空运输最突出的特点,喷气式飞机的速度可以达到 600~900 km/h。由于空中较少受到自然地理条件的限制,因而航空运输可以按直线飞行,达到运输距离最短。

②舒适性好。航空运输的舒适性表现在两个方面:一是航空运输时间短,旅途时间的缩短带来舒适性;二是飞机的飞行高度较高,一般在 10000 m 左右,不受低空气流的影响,飞行平稳。另外,新型客机的出现,客舱宽敞、噪声小,并配有娱乐设备,舒适程度大大提高。

③安全性高。航空运输诞生初期,安全性较低,随着技术的进步,航空运输的安全性已大幅度提高,虽然航空运输发生安全事故的严重性最大,但按单位客运周转量或单位飞行时间死亡率来衡量,航空运输的安全性是很高的。

④时效性强。航空运输的时间价值高,使航空运输显示出独特的经济价值,在各种运输方式中占有的市场份额将呈现提高的趋势。

(2) 航空运输的劣势

①成本、运价高。从经济方面来讲,航空运输的成本及运价均高于铁路、公路和水

运,是一种价格较高的运输方式,因而在各种运输方式中占有的市场份额相对较小。

②受气候条件限制。在保证安全的前提下,航空运输对飞行的条件要求很高,在一定程度上受气候条件限制,从而影响运输的准时性和正常性。

③可达性差。在通常情况下,航空运输难以实现客货的"门到门"运输,必须借助其他运输方式转运。

由于航空运输的特点,它主要承担以下运输任务:中长途旅客运输,目前国际间的客运基本上依赖航空运输,这对于对外开放,促进国际间技术、经济合作与文化交流具有重要作用;鲜活易腐等特种货物以及价值较高或紧急物资的运输;邮政运输;多式联运;开发旅游资源,吸引国内外宾客,尤其是国际旅客。

5. 管道运输的技术经济特征

管道运输是利用管道,通过一定的压力差完成液体或气体货物运输的一种运输方式。

(1) 管道运输的优势

①运量大。一条油管线可以源源不断地完成输送任务,根据其管径大小不同,每年运输量可达数百万吨到几千万吨,甚至超过亿吨。例如,一条直径为720 mm 的管道年输送石油200 万吨以上,而一条直径为1220 mm 的管道,年输送石油可达亿吨以上。

②占地少。运输管道通常埋于地下,其占用的土地很少。运输系统的建设实践证明,运输管道埋藏于地下的部分占管道总长度的95%以上,因而对土地的永久性占用很少,分别仅为公路的3%,铁路的10%左右。

③建设周期短、费用低。国外交通运输系统建设的大量实践表明,管道运输系统的建设周期与相同运量的铁路建设周期相比,一般来说要短1/3 以上。统计资料表明,管道建设费用比铁路低40%左右。

④安全可靠、连续性强。由于石油天然气易燃、易爆、易挥发、易泄漏,采用管道运输方式既安全,又可以大大减少挥发损耗,同时由于泄漏导致的对空气、水和土壤的污染也可大大减少。由于管道埋藏在地下,其运输过程受气候条件影响小,可以确保运输系统长期稳定地运行。

⑤耗能少、成本低、效益好。管道运输在大量运输时的运输成本与水运接近,因此,在无水的条件下,管道运输是一种最节能的运输方式。管道运输是一种连续工程,运输系统不存在空载行程,因而系统的运输效率高,理论分析和实践经验已证明,管道口径越大,运输距离越远,运输量越大,运输成本就越低。

（2）管道运输的劣势

管道运输不如其他运输方式灵活，承运的货物品类比较单一，不容易随便扩展管线。除了专用管线外，一般要与铁路运输、公路运输和水路运输配合才能完成全程运输任务。管道运输的上述特点，使得管道运输主要担负单向、定点、量大的流体状货物运输。另外，在管道中利用容器包装运送固态货物，如粮食、砂石等，也具有良好的发展前景。

（二）影响运输供给的因素分析

1. 经济因素

（1）经济总水平

经济总水平是影响运输供给的决定性因素，一个国家或地区的经济状况是运输供给发展的基本条件。经济发展使运输需求增加的同时，要求增大对运输供给的投入。无论是运输基本建设还是运输设备的制造、购买都需要巨额投资，在经济总量一定的前提下，要增加运输供给，就必须将国民收入中更多的份额投入到交通运输业当中去。因此，一个国家的运输供给能力和运输供给水平，归根结底要决定于一国的经济发展总水平。综观世界各国，交通运输业最发达、运输供给水平最高和运输供给能力最强的国家，是经济发展水平最高的一批发达资本主义国家，而广大的发展中国家，大多是交通运输业落后，运输供给短缺的国家。从一国经济发展的历史也可以看出，运输供给能力和水平是受制于该国当时的经济发展总水平的。经济实力越强大，越可能拿出更多的国民收入投入到交通基础设施建设和运输设备制造中去。从一个国家不同地区的局部运输供给也可以看出上述规律性的表现：在经济发达地区，交通基础设施比较齐备，运网密度较大，配套水平较高，供给能力较强。

（2）交通建筑业的发展水平

交通建筑业是一个特殊的建筑行业，它支撑着交通基础设施的建设，包括铁路、公路等交通线路的建设，水运航道的整治，运河的开凿，管道的铺设，以及港口、码头、车站、机场、桥梁、涵洞、隧道的建造等。落后的交通建筑业难以支持交通基础设施的快速发展，只有用先进的技术武装起来，才能加快交通基础设施的建设速度，迅速增加运输供给能力。

（3）运输设备制造业的发展水平

运输设备包括火车、机车和车辆、各类船舶、飞机等，它的发展水平、先进程度，直接影响着运输供给能力和水平，落后的运输设备只能提供小运量、低运能、低速度的运输供给，而先进的大牵引力、大载重量、高速运行的运输设备则可以大大提高运输生产效率，增加运输供给能力，提高运输供给水平，因此运输设备制造业的发展水平，对运输供给的影响是非常直接的。

2. 政治与军事因素

政治对运输的影响主要表现在国家国防发展的要求和运输政策对运输供给的影响。交通运输业是一个国家重要的基础产业，它不仅关系到一个国家经济的发展，政治的稳定，而且关系到国防的巩固。各国政府一般都对交通运输业实行不同程度的干预，因此政治和军事因素也对运输供给产生重要的影响。运输政策是影响运输供给的重要因素。运输政策是国家发展运输的准则，是经济政策的组成部分。运输政策规定了交通运输业发展的方式、速度、规模、结构等，对一个国家交通运输业的发展产生重大影响。特别是对交通运输业的重要领域，如国际航运业，各国政府一般都采用扶植和保护的政策措施，这些扶植和保护的政策措施无疑对运输供给有着重要的影响。

交通运输业作为国家的一个基础产业，也是军事建设的重要力量。运输经济学的研究对象虽然不包括军事运输，但军事因素对交通运输业的影响是显而易见的。在历史上，很多国家交通运输业的发展都带有军事发展的烙印。国防建设的要求推动了交通运输业的发展，同时也储备了大量的运力。一个国家运输网的规划、设计和建设不能不考虑到国防建设和军事上的需要，军事运输要经常利用民用运输线路，战时，民用运输也要服从军事需要，同样，军事运输线路在平时也可以转为民用运输，我国在20世纪70年代所修建的"战备公路"，今天仍在经济建设中发挥着重要的作用。

3. 技术因素

技术是推动社会发展的重要力量。技术进步（Advance of Technology）包含两层含义：一是生产某种产品的新的更有效方式（包括生产产品新的方法）；二是经济组织、营销和管理方式的改进。技术进步对于生产效率的提高主要反映在获得相同数量产出的条件下，需要的资本和劳动投入都节省了。

技术对运输供给的影响主要表现在交通基础设施和运载设备的技术水平以及管理水平上。用先进技术水平建设的高等级公路、铁路线、车站、码头等交通基础设施，可以迅速地增加运输供给能力。

运输设备的革新，使运输供给从小运量、低运能、低速度，发展到大运量、大牵引力、高速度，大大提高了运输生产效率，降低了运输成本，提高了运输服务质量，提高了运输生产的组织管理水平，从而提高了运输供给的能力。以蒸汽机为代表的第一次科学技术革命使交通运输业由手工业时代进入机器运输业时代，出现了蒸汽机轮船和蒸汽机火车；第二次科学技术革命之后出现了电力火车、内燃机火车和内燃机轮船，继而出现了汽车、飞机等现代运输工具；第三次科学技术革命使铁路运输出现了信息技术电子化，使信号设备从以继电保护技术为基础发展到以电子计算机为主体，如微机调度集中、微机连锁和无线电子闭塞、列车和编组站的自动控制等等；在水运方面出现了自动化船舶、自动化无人机舱、卫星通信、卫星导航等；在航空运输和公路运输方面，无人驾驶飞机、无人驾驶汽车的出现，同样预示着交通运输业的美好前景。20世纪80年代以来兴起的新技术革命对运输供给的影响更为深远：高速火车的出现，磁悬浮列车的研制，超导电磁推进船、磁水动力推进船的下水试航成功，太阳能汽车的出现，陶瓷发动机汽车的研制等等，将给交通运输业带来一系列革命性的变革。这场变革将极大地提高运输劳动生产率，使运输供给能力和水平出现史无前例的巨大增长。

以上主要是从宏观经济的角度来分析的。另从微观经济角度来看，影响运输供给的因素还有运价、运输成本等。如果运价上升，可以刺激交通运输企业增加供给量，反之则减少供给量；如果构成运输成本的生产要素价格上升，必然影响企业的运输供给能力，反之，成本下降，在运价不变时，可以使交通运输企业增加其供给量。

（三）运输供给函数与供给曲线

1. 运输供给函数

运输供给的大小通常用供给量来描述。运输供给量是指在一定时间、空间和一定的条件下，运输生产者愿意且能够提供的运输服务数量。在这里，"一定的时间、空间"同运输需求量中时间、空间的含义是相同的，"一定的条件"指的是影响运输供给的诸多因素，如政府对交通运输业的政策，运输服务的价格、成本等。

2. 运输供给曲线

在影响供给量的诸多因素中，运输价格是最灵敏、最重要的因素。运输供给曲线就是假定其他因素不变，反映供给量同价格之间关系的曲线。

运输供给曲线可分为企业供给曲线和行业供给曲线，它们分别表示企业和行业提供运输服务的数量同运输价格之间的关系。在几何上，行业供给曲线可由企业供给曲线叠加而成，即将同一价格下的企业供给量相加，得到该价格下的行业供给量。

3. 运输供给的变动与运输供给量的变动

同运输需求的变动与运输需求量的变动相类似，运输供给的变动与运输供给量的变动也是两个不同的概念。运输供给表示在不同价格水平下，运输生产者愿意且能够提供的运输服务的数量，它表示的是供给量同运价之间的一种对应关系，一条特定的运输供给对应一条供给曲线。而运输供给量则表示在确定价格水平上，运输生产者提供的运输服务数量，它对应于供给曲线上的一点。运输供给量的变动就是当非价格因素不变时，供给量随运价变化而沿供给曲线移动，每一运价水平对应一个相应的供给量；运输供给的变动是非价格因素变化时导致的供给曲线的移动，如果供给发生了变动，即使价格不变，运输供给量也会发生变化。

三、运输供给演变规律

各种不同运输方式是在不同历史时期、不同技术经济条件下形成和发展起来的，各有其不同的技术经济优势及其合理的适用范围。随着社会经济的发展，运输供给也从最初的以水路运输为主发展到五种运输方式并存的综合运输体系，运输供给方式的演变也有其自身的规律性。

（一）各供给方式间的基本关系

随着现代交通运输业的发展，各种运输供给方式之间的相互关系更加受到人们的普遍关注，因为协调好各种运输方式之间的关系，建立合理的供给结构，往往在不增加运输投入的情况下就可以提高运输供给能力和水平，增加运输供给总量，提高运输服务质量，取得良好经济效益和社会效益。

运输供给的"部分可替代性"一方面是因为任何一种供给方式都可以行使人或货物的空间位移功能，而另一方面又因为这种替代性不能不受到来自需求和供给两方面的各种限制。自机器运输业产生以来，交通运输业经历了以水运为主到以铁路为主，又发展到现在的五种运输供给方式并存的格局。新的运输方式的出现，一方面既克服了原有供给方式的缺点，另一方面又保留了它的优点和长处。在五种运输供给方式同时共存的情况下，它们之间的基本关系有以下三种形式：

1. 某一供给方式的垄断

某一供给方式的垄断地位是由以下两种情况造成的：一种情况是运输需求与运输供给的时空特定性与供给、需求之间的时空差异性决定了某一供给方式的垄断地位。由于供给和需求都有很强的时空限制，一旦某种运输供给方式在某一地区形成，它就很难同时服务于其他地区（过境运输除外），而当该地区的经济发展尚未达到应有水平的情况下，可能没有条件也没有必要再引入其他运输方式，因而在某一区域的特定时限内便会造成该供给方式的垄断。当然，这是一种"先入为主"的垄断——因抢先独占而形成的垄断，这种垄断的形成往往还与自然条件、地理位置有关，特殊的自然条件和地理位置促成了某种供给方式的"先入为主"，如在特定的水域形成水运"先入为主"的垄断，特定的陆域形成铁路或公路"先入为主"的垄断。在现代经济发展中，这种垄断一般是不会长久的。随着经济的发展，需求量的增加和需求多样化的发展，必然会有其他运输方式介入，而一旦有新的供给方式介入，垄断即被打破。另一种情况是由某一供给方式的技术经济特征所决定的。如果有一种供给方式最适合某种特定的运输需求，其他供给方式无法替代，就会形成该运输方式的垄断。如长距离的跨洋运输，一般为海运所垄断，洲际运输一般为陆桥运输所垄断，其他运输方式无法替代；远距离的煤炭、矿石等批量大、价值低的货物运输，由铁路或铁路与水运联运最为合适，公路与航空不能替代；远距离的长途客运多为航空运输所垄断；少批量、近距离的货物运输非公路运输莫属，其他运输方式无法替代。于是就形成了各种供给方式对特定需求领域的垄断。这种垄断和前一种垄断不同，具有长期存在的理由，这种垄断的存在是各种运输方式能够长期共存的物质技术基础，认识这种垄断是组织各运输方式间分工协作的理论依据之一。

2. 两种以上供给方式间的竞争

各种运输供给方式不尽相同的技术经济特征，是形成某种运输供给方式垄断的客观基础，但也不是说这种垄断是绝对不能打破的，这是因为任何一种运输需求都是随着经济情况的变化而逐渐增长或逐渐减退的，除非在极其特殊的情况下才会出现陡升陡降。运输供给则不然，由于运输供给整体性特征的存在，供给能力的增长经常是跳跃式的，如一条铁路、公路和航线的开通，运输供给能力马上就会跃上一个台阶，出现一个大幅度的增长，它不可能像运输需求那样缓慢地、连续地增长，即使是运输需求在特殊情况下会出现跳跃式的增长，也很少与运输供给的跳跃式增长恰好同步。于是就出现这样一种情况：当某一批量的运输需求产生时，毫无疑问会首先寻找最适合的那种运输供给方式，但当这种最有利的运输供给方式不能满足其需求时，就会采取供给替代的办法去寻找次适合它的运输供给方式，如果还不能满足，就不得不采取更进一步的"供给替代"。这样，在同一运输需求只要有两种以上运输供给方式来满足的时候，就出现两个"共同供给域"，将技术经济性能最适合的那种运输供给方式的垄断打破，从而出现两种以上运输供给方式间的竞争。这种竞争是时常出现的，当同一区域内存在两种以上运输供给方式的时候，它们之间的竞争或多或少、或强或弱，总是会存在的。即使在需求大于供给的情况下，这种竞争也可能会存在。而在大型运输通道中，这种竞争可能会变得十分激烈。

3. 各供给方式间的分工与协作

不同的运输供给方式，都有各自不同的技术经济特征，因而也都有各自的优势领域，这是它们之间进行合理分工的客观依据。合理的分工，是各种运输供给方式扬长避短、发挥优势的必要途径。尽管各供给方式不同，但都是运输总供给的组成部分，况且经济活动是十分复杂的，运输需求的广泛性、多样性与运输供给的整体性决定每一种运输需求并不可能与某一供给方式的优势领域完全吻合，而且随着经济的发展，运输需求更加向多样化发展，因而择优满足需求的程度会越来越低，这在客观上就要求有更加适应需求多样化发展的"组合供给"，即通过各种运输供给方式之间的协作来满足运输需求。两种或两种以上的供给方式组合在一起，通过广泛协作，可以比单独任何一种供给方式更好地满足日益复杂多变的运输需求，取得"1+1+1+1+1>5"的总体经济效益。运输供给方式的垄断是客观存在的，竞争与协作也是客观存在。无论是经济和社会的发展，还是交通运输业本身的发展，都要求打破垄断，限制垄断，维护公平竞争，保持适度竞争，避免过度竞争而造成运输资源的严重浪费，而协作就是打破运输供给方式的垄断，避免过度竞争的最有效的途径。"组合供给"虽在交通运输业早已出现，但并未引起人们的足够重视，五种运输供给方式协作而构成的"组合供给"意义重大。一方面是因为它可以发挥各种运输供给方式的技术经济优势，形成合力优势，另一方面可以填平各种运输供给方式之间的断裂层或断裂点，创造整体效应，从而更加符合运输供给整体性特点的要求，也更能适应运输需求广泛性、多样性特点的要求。比如水运和铁路的供给能力较大，长距离的运输成本较低，但它只适合于大型产销地之间的运输，而这种运输需求又是不常在、不多见的；相反，公路运输的单位运输能力较小，比较适合小批量的运输需求，但它的运输成本较高，很难胜任长距离的运输任务。若将他们组合起来，由公路将众多的小批量运输需求集结成一个个"大宗需求"，使之适合于铁路、水运等运输方式，其结果是各种运输方式的优势都能得到发挥，各种运输需求也都可以得到最大程度的满足。各种供给方式实现分工协作的途径有三条：一是通过市场经济的自发机制来实现；二是通过大型跨运输方式的交通运输企业和交通运输企业集团的自觉行动去实现；三是通过政府干预来实现。在我国现行的经济和政治体制下，实现各种供给方式间的分工协作困难很大，这些困难也主要来自三个方面：一是我国正处于由计划经济向市场经济的转轨期，市场体系尚不完善，市场机制发挥作用的条件尚不完全具备；二是我国交通运输业长期受计划经济体制下的条条分割、块块分割的局面也未改变，跨运输方式的大型交通运输企业和大型企业集团尚未发育成熟；三是政府机构的改革滞后，整个交通运输业仍处在按运输方式设置的政府机构的管辖之下，国家综合经济机构对交通运输业的协调能力有限，在五种运输方式分治的局面下，政府干预有时起相反的作用。

(二) 供给方式演进的基本规律

自机器交通运输业产生以来，一方面随着经济与社会的发展，运输需求在不断地增长；另一方面运输供给也在不断增加，新的运输供给方式相继出现，每一种供给方式也在不断地发展和完善，所有这些都给交通运输业发展带来新的变化，经过长期发展和演变，才形成五种供给方式并存的局面。供给方式的演变具有一定的规律性。

1. 某种供给方式发展中的量变

某一供给方式的量变发展过程是指该运输供给方式产生、存在和发展过程中的平稳增长过程，在此期间，构成运输供给方式的基本内容不变，各种供给方式之间的力量对比和相互竞争、替代关系也是在比较"温和"的气氛中缓慢地向前发展的。这一时期大体始于某一运输供给方式产生之后，占有该运输方式存在的绝大部分时间。在这种运输方式的量变时期，交通运输业的发展主要靠既有的运输供给方式不断扩大其总规模，增建新的运输线路及港、站、场等基础设施，扩大它所占有的空间和地域，增加运输设备的投入，来适应经济发展对交通运输业提出的日益扩大的需求。这一时期为运输供给方式的量变时期，它表现为运输供给在量的方面所产生的变化，即量的增长，规模和范围的扩大，也包括服务质量的提高。

2. 某种供给方式发展中的部分质变

运输供给能力的增强随着某种运输供给方式规模的扩大而不断地向前推进，这种量的积累达到一定程度，仍不能满足运输需求增长的需要，就会促使某种运输方式内部发生部分质变。部分质变是指原有的运输方式内部出现某些重大革新使运输供给能力迅速增强，这主要是由重大技术进步引起运输方式本身的变化而促成的。包括两种情况：一是交通基础设施方面出现重大革新，如水运方面的深水航道、深水码头代替普通航道和普通码头；公路运输高等级公路代替普通公路；铁路运输方面的双线代替单线、长轨代替短轨、磁悬浮路轨代替普通路轨等等。二是运输工具出现重大革新，如内燃机车、电力机车代替蒸汽机车，磁悬浮火车代替普通火车，船舶方面的滚装船、自动化船、大吨位和超大吨位船代替普通船，水翼船、气垫船、电磁推进船、磁水动力推进船代替螺旋桨船等等。这些都属于某种供给方式内部的部分质变，它可以在相当大的程度上提高运输供给能力。每一种运输供给方式都是在以上两方面革新的交替作用下,波浪式地向前发展的。

3. 供给方式间由量变到质变的发展

无论是某一运输供给方式发展过程中发生的量的积累,还是某一运输供给方式量变过程中发生部分质变,均为交通运输业自身过程中的一般情况,即无论从时间上来看还是从空间上看都是大量存在的情况。此间运输能力的增长一方面靠扩大现有运输供给方式的总规模,通过交通运输业自身的外延式扩大再生产,以满足运输需求的增长;另一方面也通过技术进步,改进现有运输方式的质量,通过交通运输业内涵式扩大再生产来适应经济发展和运输需求总量的扩张。当量的积累和部分质变的发生越来越不能满足经济增长和运输需求扩张时,交通运输业自身开始孕育新的运输方式的诞生,从而使运输供给方式的发展进入质变时期。

供给方式发生质变时期新的供给方式快速发展,原有供给方式的量的积累和部分质变的发生仍然存在,但表现不甚明显,因而在供给总量的增长中所起的作用也十分有限。此后供给总量的增长主要不再靠各种运输方式的缓慢扩张,而是靠新兴供给方式的先进性、优越性及其迅速发展来满足。如铁路运输的出现,克服了水运受自然地理条件限制的不足,为陆上中长距离运输开辟了广阔的前景;公路运输出现以后,其方便灵活的特点不仅成为水运和铁路的有利助手,而且在"门到门"的运输中发挥着巨大的优势,因而在客货运输中占有更大的比重,使运输供给能力迅速发展;航空运输的出现不仅克服了水运受自然地理条件的限制,以及借助水的浮力靠螺旋桨向后排水使运输工具缓慢位移的局限,而且也突破了陆路运输凭路面支撑、靠车轮与路面之间的摩擦推动运输工具的局限,开辟了借助空气浮力,依靠向后排气、喷气等形式高速推动运输工具前进的美好前景,极大地提高了运输供给能力,也使交通运输业发展到更新更高水平。

4. 新旧供给方式的更替

一种新的供给方式代替原有的供给方式在交通运输业发展中占据主导地位是一种进步。这种新旧交替是交通运输业自身发展规律作用的结果。这种新旧交替是新旧供给方式主导地位的更替,而不是原有供给方式的消失。五种运输供给方式发展到现在呈同时并存、相互补充、共同发展的格局。不同时期各种运输方式在交通运输业发展中所占地位呈此消彼长的态势。

（三）综合运输体系

综观交通运输业发展的历史,大体可以分为四个阶段:水路运输阶段,铁路运输阶段，航空、管道、道路运输发展阶段和综合运输阶段。在这一发展过程中人们充分认识到各种运输方式之间应该是分工协作、协调发展的关系。片面地发展某一运输方式或运输方式之间的盲目竞争，对交通运输业的发展和整个国民经济的发展都是不利的。各种运输方式之间应实行分工与协作，发展综合运输。

1. 建立综合运输体系的必然性

（1）建立综合运输体系是交通运输业客观发展的必然

各种运输方式都有其技术经济特征，适用于不同的情况。依靠单一的运输方式不能满足社会需求，也不利于各种运输方式的发展，如铁路短途运输对铁路运输的发展就是不利的。盲目的竞争会给各种运输方式带来损失，国外铁路运输的发展历史就是一个很好的例子。此外，大运量的运输方式发展也需要小运量的运输方式为其集散客货，没有铁路运输和道路运输的集散，船舶的吨位不可能做得如此之大。没有协作对交通运输业的发展是极其不利的，因此运输方式之间必须分工协作，综合发展。

（2）建立综合运输体系符合经济原则

通过建立综合运输体系，各种运输方式实现优势互补，能促进交通运输业的发展，为社会提供质优价廉的运输服务，对提高交通运输业和整个社会的经济效益都具有十分重要的意义。

（3）建立综合运输体系符合我国国情

我国的国情是地域广阔，经济发展不平衡，在发展的过程中，运输是一个薄弱环节，是制约我国经济发展的瓶颈，综合运输体系的建立对缓解我国运力紧张的状况有很重要的作用。

2. 建立综合运输体系应遵循的原则

综合运输体系的建立是一个十分复杂，庞大的系统工程，需要解决的问题很多，实际工作应遵循以下原则。

（1）交通运输业的发展要满足国民经济发展对运输的要求

交通运输业是国民经济的重要组成部分，应与国民经济其他部门保持合理的比例关系，满足国民经济发展对运输的需求。因此，在建立综合运输体系时要做好对运输需求的预测，并根据预测结果合理安排，使运输布局与工农业生产布局、人口分布和商业、外贸布局等相适应，做好近期和长期规划，使交通运输业的发展与国民经济的发展相适应。

（2）综合利用各种运输方式

各种运输方式要统筹兼顾，协调发展，包括各种运输线路、枢纽和运输工具在运输能力上要协调发展，在时间上也要协调配合，形成综合运输能力。

（3）因地制宜，有效地利用自然资源

交通运输线路的走向和技术标准的选择都受自然地理因素的影响。运输线网要占用土地、山川、河流、湖泊、海域等自然资源，特别是土地资源。我国土地资源很紧张，在满足运输需要的前提下应做到节约用地，少占或不占农田，因此在交通运输网布局时，要根据各地区经济发展水平，经济结构特点及自然地理条件，因地制宜地发展各种运输方式。

（4）经济合理原则

综合运输体系的建立，应以较低的消耗来满足国民经济对运输的需求并取得最大社会经济效益为原则。综合运输体系规划方案的评价应从投资、运营成本、运送速度、运输质量等多方面进行。

3. 综合运输体系的建立

综合运输网是指在一定的空间范围内由各种运输方式的线路、港、站、枢纽等固定设施联结在一起的运输网络系统，是运输供给的主要物质技术基础之一。综合运输网布局是将运输网络上的固定设施在空间地域上进行合理分布与组合。综合运输体系的建立与运输网布局是相互联系又有区别的。前者是从理论和系统的角度所提出的目标，而后者是从实践的角度来解决问题，实现理论和系统所提出的要求，即将上述运输布局的基本原则贯彻到具体实践当中去，以便建立完善的运输网络系统，为综合运输体系的建立奠定物质技术基础。

（1）发展联合运输是建立综合运输体系的基础

联合运输是综合性的运输组织形式，其内容主要包括：两种以上运输工具或两种以上运输的衔接或一种运输方式多家经营和多种运输方式联合经营的组织衔接以及产、供、运、销的运输协作。

联合运输的特点表现在一个"联"字上，组织两种以上运输方式的运输协作，实现运输方式的优势互补和运输过程各环节的紧密衔接，从而提高运输效率、降低运输成本、加速物资的周转，方便货主和提高旅客、运输服务质量。

联合运输的工作重点也在"联"字上，如何组织好客货源，组织好各种运输方式的衔接和运输过程的衔接是实现联合运输的关键。因此，联合运输的工作重点应放在运输的结合部、"点"（客货源集散点、各种运输方式的衔接点、中转换乘点）的建设上。一方面要加强"点"的物质装备的建设，更重要的是要加强联合运输的组织管理，做好各方面的协调组织工作和信息管理工作，才能使联合运输"联"得起来。

联合运输按不同的标准可以划分为不同的种类。按区域可以分为：国内联运、国际联运；按运输对象可以划分为：货物联运、旅客联运；按不同运输方式的组合状态可以划分为：公铁联运、铁水联运、铁公水联运、公水联运、公空联运和水水联运（江、海，河之间联运）。

联合运输的发展对促进交通运输业的发展和满足社会对运输需求方面都有积极作用。具体表现在以下五个方面：

①提高服务质量，更好地满足社会需求

客、货位移的实现往往需要使用多种运输方式，通过干、支线的衔接才能完成。通过联合运输可以使运输全过程一票到底，不管经过几种运输方式和几个中转环节都可以实现一次托运、一次起票、一次结算、一票到底，简化运输手续，为旅客、货主提供便捷省时的运输服务；可以集零为整，小批量、零星货物的运输（例如集装箱运输中"一箱多批"的情况），做好干支线的衔接；可以为货主提供综合性的运输服务——从货物包装、装箱、接取，到运达货物的送货上门，提高运输服务质量，满足货主对运输的各种需求。

②促进各种运输方式的联合和协调发展

通过联合运输的组织协调，可以使运输活动按最佳的运输方式和路径进行，合理组织各种运输方式的衔接配合，使各种运输方式之间实现协作和优势互补，充分发挥运输系统的整体优势，提高交通运输业的整体经济效益。

③有利于挖掘运输潜力，提高运输效率

以铁水干线联合运输为例，铁路运输组织直达列车和成组运输，水路运输组织专用船舶定线，定班运输，港口指定专用码头进行装卸，彼此之间加强信息沟通，使车、港、船紧密衔接，把全程运输组成统一的作业体系，可以显著提高运输效率。

④促进交通运输业管理水平的提高

组织联合运输比单一运输方式运输过程的组织在处理问题的复杂程度和难度上要大得多。其中最难解决的问题有两个：其一是联合运输要求各种运输方式之间在商务和运输规章、运输协议等方面规范统一。我国由于历史原因，条块分割，各种运输方式各行其是，给联合运输的协调工作带来很大的困难。其二是联合运输中各种法律关系还没有健全的法律法规做相对的调整。这些问题的解决是联合运输发展中遇到的问题，同时也是综合运输体系建立中会遇到的问题。随着这些问题的解决，整个行业的管理水平会有一个较大的提高。

⑤促进综合运输体系的形成

联合运输的工作重点是各种运输方式之间的衔接。各种运输方式的衔接点多在城市、港口和车站,是交通运输的枢纽。一大批以城市、港站为依托建立起来的联运企业,对运输枢纽的建设具有积极作用。目前,联运企业实现了全国内的横向联合,这对综合运输体系"点"系统的建立,打下了良好的基础,对综合运输体系的建立具有促进作用。

(2) 综合运输网的建设

交通运输系统的空间分布呈典型的网络结构,由运输线路和交通运输枢纽(港、站在这里称之为点)两种基本要素组成。从一点出发,沿运输线路到达另一点为一运输径路。两点之间可以有一条以上的运输径路。一条径路可以由多条线路组成,旅客和货物是在点之间沿运输径路完成位移的。

运输线路是指具有一定运输能力的各种运输方式的线路(如铁路线、航线、公路)及运行其中的运输工具(铁路列车、船舶、汽车)的总和。每一种运输方式由于技术经济特征的不同,其运输线路的特性也不同,主要表现在运输能力、运送速度、运输成本和服务质量的差异上。交通运输通道是综合运输体系中"线"系统的骨干。通过交通运输通道的建设,可以建立起整个综合运输体系的框架。交通运输通道的建设应作为综合运输体系建设的中心,纳入国家运输发展规划。

交通运输枢纽是指运输线路的交汇处,完成客货流的集散、转运作业,由固定设施和移动设施组成的一个整体,具体指港口、车站、机场等。交通运输枢纽是综合运输网络的重要组成部分,它决定着运输网络相邻线路的运输特点,对优化综合运输网络有着重要意义。

交通运输枢纽的功能主要有以下几个方面:

①转运功能:运输枢纽将与其连接的运输线路连接起来,完成各线路之间旅客、货物的中转、换乘、换装作业,是运输干线与干线、干线与支线结合部,更是各种运输方式的衔接点,对发展联合运输有重要作用,是交通运输网的纽带。

②集散功能:为所在地的旅客、货物提供各种运输服务,组织所在地的客、货流。

③服务功能:为过往的旅客、货物提供运输服务,组织所在地的客、货流。

④经济联系功能:交通运输枢纽大多与城市共生,对城市的形成和发展有着很大作用。它是一个城市实现内外联系的桥梁与脉络,是城市整体的一个重要组成部分。

交通运输枢纽按运输方式的组合状态可以分为单一运输方式的枢纽(主要为一种运输方式服务,如铁路的编组站和仅有集散作业的铁路车站、港口)和综合交通运输枢纽(由多种运输方式的线路汇集的运输枢纽)两种。综合交通运输枢纽是综合运输网中最关键的点，是组织各种运输方式联合运输的基础。

综合运输网络的建设就是要搞好运输网络的布局，实现网络的优化。重点要做好以下几方面工作：

1) 加强运输枢纽的建设

运输枢纽的建设，在做好布局的前提下，应本着满足综合运输网对运输枢纽生产能力的需要，做好内部设施、设备的配套和协调，提高作业效率，组织好各种运输方式的衔接，促进联合运输发展的原则，重点做好自身的建设。

a. 内部生产能力的配套。为完成基本作业，运输枢纽内要配备大量装卸机械和基础设施，为到达、发送和通过的各种运输工具服务。因此其内部的各种运输设施及各作业环节的生产能力要协调，种类要齐全。

b. 做好枢纽内的平面布局。良好的平面布局，对运输枢纽提高作业效率、方便各种运输工具的衔接和提高服务质量都有重要作用。

c. 加强内部管理系统的建设和通信系统的建设。组织管理工作对枢纽的生产组织、协调具有重要作用，是发挥其硬件效率的重要保证。此外，运输枢纽还是各种信息的汇集处，建立起相应的信息管理系统和信息传输系统，是发挥其纽带作用的必要条件。

2) 加强交通运输通道的建设

交通运输通道是综合运输体系中"线"系统的骨干。通过交通运输通道的建设，可以建立起整个综合运输体系的框架。交通运输通道的建设应作为综合运输体系建设的中心，纳入国家运输发展规划。

3) 做好综合运输网络内点与线的协调

综合运输网内的运输枢纽与运输线路之间在输送能力上要协调一致。为保证运输网络的畅通，一般要求运输枢纽的输送能力略大于运输线路的输送能力，即运输枢纽要能保证有足够的生产力，能满足各种运输工具对装卸、换装、集散作业在数量上和时间上的要求。特别是运输枢纽在衔接不同运输方式，组织联合运输时对这种协调性的要求就更高。

我国当前总的情况是，运输点、线能力不够协调，铁路运输编组能力低于线路能力，煤炭海运到达港的能力低于发送港的能力，影响线路能力的发挥。因此，发展综合运输网，不仅要考虑运输线路的客货流量，而且要考虑主要港、站及枢纽的客货运到、发量，使点线能力协调起来。

4) 综合运输网络内部线与线的协调

运输线路之间具有相关性，旅客和货主可以在实现位移的多条路径之间，根据对运输线路的时间性、经济性、方便性的评价，选择运输方案。也就是说，客货流可以在线路与线路之间进行流动。因此，综合运输网络内部线与线的协调就是要做好线与线之间运输流量的平衡协调，各运输线路都能发挥出应有的效力。

要处理好新线建设与旧线改造的关系。我国交通运输业一方面是线路少，运输工具不足，因此扩大运输能力要靠新建、外延发展；另一方面，运输技术装备也比较落后，对现有技术设备进行技术改造，实行内涵式扩大再生产，挖掘运输潜力也能较大幅度地提高运输能力，以适应当前运输的需要。因此，这两方面要结合起来进行，不能偏废。

随着科学技术的进步和社会需求的变化，各种运输方式的技术装备和组织工作不断更新，其技术经济性能和使用范围也在不断变化。而通过建立综合运输体系，充分发挥各种运输方式的优势，扬长避短，最大限度地节约运输建设投资和运输费用的规律是不会变的。我国经济管理体制的不断改革与调整，为各种运输方式相互协调、建立合理的运输体系创造了有利条件。改革开放政策和扩大市场调节机制，为各种运输方式的加速发展又增添了新的动力。

总之，我国的交通运输业应以铁路为骨干，公路为基础，充分发挥水运（包括内河、沿海和远洋航运）的作用，积极发挥航空运输，适当发展管道运输，建设全国统一的综合交通运输体系。

第三章 交通运输发展与方式

第一节 交通运输发展思路

一、交通运输一体化的内涵及范畴

（一）一体化的内涵

一体化，所谓的"体"是指一个整体，强调若干个事物之间加强联系，形成一个系统整体，以达到提高系统效率、促进共同发展的目的。系统整体性和提高系统整体效率的目的要求和决定了其理念包括两方面：一方面是强调事物（或者说系统各部分）之间的公平和平等。因为既然是作为一个整体，各部分都有自己的功能和作用，任何一部分的缺失或发展不够，都会影响整个系统整体功能，也就是所谓的"短板效应"，所以要求各部分之间有公平、平等地位，共同协调发展；另一方面是强调各事物之间的协调和密切衔接。要想形成一个真正的整体，提高系统效率，实现"1+1>2"的效果，各部分之间不能相互隔离、孤立，必须要加强各部分之间的协调和密切衔接，这是必要的条件。

有关专业研究人员有两个广为提倡的一体化，即"城乡一体化"和"区域经济一体化"。在两个一体化界定中也可以体现一体化的具体内涵和理念。

理想的城乡一体化状态是：在经济层面上，是生产要素在城乡地域空间上、不同产业间通畅而有序地流动，促使城乡经济持续发展；在社会层面上，是公平地调整城乡两大集团的利益分配，缩小城乡差距；在生态层面上，是将城乡的生产和生活活动纳入空间上共建、共有、共享可持续的城乡生态系统；在文化层面上，在承认差异的基础上，用公认、理性、进步的价值观将乡土观念和现代城市文明有机结合起来，促进城市社会全面发展。实现城乡一体化发展的根本是，建立地位平等、开发互惠、互补互促、共同繁荣的城乡社会经济发展的新格局。

区域经济一体化是指经济活动主体为完成区域社会经济发展总体战略目标，社会经济有机体内各个系统的协调配合过程，同时也是指一个或一个以上的国家或地区通过政策和法律法规的协调，破除种种壁垒或障碍，逐步减少乃至消除市场的摩擦力和行政管理分割，使地区经济实现有机结合的过程。区域经济一体化建立在区域分工与协作基础之上，通过生产要素的区域流动，推动区域经济整体协调发展的过程。它的目的是优化资源配置，实行区域内各地区合理分工，提高资源使用效率，促进联合体共同繁荣。

在这两个具体的定义中，在强调各部分之间的协调、密切衔接方面，有"使生产要素在城乡地域空间上、不同产业间通畅而有序地流动""将乡土观念和现代城市文明有机结合起来""各个系统的协调配合过程""通过政策和法律法规的协调，破除种种壁垒或障碍，逐步减少乃至消除市场的摩擦力和行政管理分割，使地区经济实现有机结合的过程"。在强调各部分之间的公平、平等方面，有"公平地调整城乡两大集团的利益分配""建立地位平等的城乡社会经济发展的新格局"等。

（二）现有研究对交通运输一体化的界定

交通运输一体化虽然来源于西方发达国家，但在引入我国后，经过许多专家学者进行了研究和界定后，其理念和内涵与国外发达国家有所不同。从现有的研究来看，交通运输一体化所表达的对象不同，有的表达交通运输系统的一体化，有的表达交通运输行为过程的一体化，具体有以下三层含义：

第一，在表达交通运输系统的一体化时，其中一个重点是从管理者的角度，强调把交通运输看作一个系统整体，突破行政区域、运输方式之间的界线，对其所有要素进行统一规划、管理。

从系统资源优化的角度来理解交通一体化，是指把所有的交通资源（交通工具、交通设施、交通信息）进行统一规划、统一管理、统一组织、统一调配，以达到交通运输系统的整体优化，以便更充分地利用交通资源和更好地满足所有的交通需求（包括所有的使用各种交通工具和设施的人与物）。交通一体化不仅是各种运输方式之间的协调合作，也是客货运输之间、交通管理和规划、交通政策与市场运营、交通需求与供给以及交通运输与社会经济发展诸多方面的统一与协调。交通一体化的概念不仅体现在交通运输各个方面，贯穿于交通运输行为的整个过程，也体现在交通与社会经济其他方面的千丝万缕的联系之中。

交通一体化是以统一规划、统一组织、统一调配、统一管理交通系统资源为目的，满足所有交通需求的综合交通系统。交通运输一体化是交通运输业发展到一定阶段的必然产物，是指把所有的交通资源（交通工具、交通设施、交通信息）进行统一调配，以达到交通运输系统的整体优化。

交通一体化系统是一个复杂的巨系统，它既包含了综合运输的思想，又远远地超越了综合运输的内涵。一个完善的交通一体化系统包括：各种交通运输方式的一体化；客运系统和货运系统的一体化；交通运输规划与交通运输运营的一体化；交通管理一体化；交通信息一体化；交通控制一体化；交通管理与交通控制的一体化；交通控制与交通诱导的一体化；交通运输系统结构的一体化；交通运输系统的资源（需求、供给、信息）的一体化等。它将交通运输的发展从单纯的交通工具与交通设施，延伸到交通规划、设计、建设、组织、运营、管理等整个过程中，进行统一规划、统一管理、统一组织、统一调配，以达到交通运输系统的整体优化，以便最充分地利用交通资源和最大地满足交通需求。

第二，在表达交通运输系统的一体化时，另外一个重点是从交通运输系统本身，强调加强基础设施、信息、市场等要素之间的衔接，构造成一个衔接紧密的交通运输系统，为交通运输行为过程的无缝衔接创造直接基础条件。

区域交通一体化主要是指按照区域经济发展总体目标，在全区域内优化配置交通运输资源，通过不同运输方式的合理分工，充分发挥各种交通运输方式优势，打破行政界线、部门界线、地域界线，推动区域综合运输系统的协调发展，以提高区域交通运输总体效益和服务水平的动态过程。其实质是区域社会、经济发展的一项系统工程，需要从区域交通运输需求的角度出发，全面综合考虑，并且贯穿区域一体化发展的整个过程。

交通一体化是指交通各子系统之间及其与外部因素的高度协调。大都市交通一体化具体表现在交通体系内部整合和外部关联两个方面。内部整合包括设施平衡、运行协调和管理统一三层含义，即以枢纽建设为纲，发挥交通设施的整体效益；以换乘服务为中心，促进各种方式协调运行、合理分工和紧密衔接；依托法制与体制，充分发挥政府、市场和公众各种作用的组合优势。外部关联是指充分重视交通与城市功能提升的互动作用，交通发展必须与土地使用、社会、经济和环境等诸多城市发展领域紧密结合在一起，推动城市全面发展。

交通一体化是指各种运输方式在社会化的运输范围内和统一的运输过程中，按其技术经济特点组成分工协作、有机结合、连接贯通、布局合理的综合运输体系。

第三，在表达交通运输行为过程的一体化时，主要是强调各运营主体之间相互密切配合，利用衔接良好的交通基础设施和信息系统以及运输工具的标准化，在时间和空间上实现各行为过程密切衔接，达到交通运输的无缝化。

运输一体化是通过使用通票和统一单证，协调调度运输方式内部以及运输方式之间的运营活动，通过运输枢纽使汽车运输将铁路、港口之间更好地连接，建立运输过程无缝连接，创造连续可靠的客流、物流和信息流，提高各种运输方式之间的转换效率和利用率，使每一种运输方式能够充分发挥它们的潜在能力。

（三）交通运输一体化的范畴

交通运输一体化与城乡一体化、区域经济一体化等既有相同点，也有不同点。原因在于，交通运输这个词与城乡、区域经济的不同，它有双重含义，不仅有交通运输系统的含义，而且有交通运输过程和服务的含义。与之相对应，交通运输一体化有交通运输系统一体化和交通运输服务一体化之分。其中，交通运输系统一体化与城乡一体化、区域经济一体化等基本相同，是指构成该系统各部分形成一个整体，相互之间协调发展、密切衔接；而交通运输服务一体化是指交通运输过程各环节之间在时间上和空间上的密切衔接，不是客观事物之间的衔接，而是行为过程之间的衔接。

交通运输的最终目的是实现人或物的位移，也就是运输服务，交通运输系统是实现运输服务的前提和基础，因此，交通运输服务的一体化是最终追求的目标，交通运输系统的一体化只是中间目标，也是实现交通运输服务一体化的前提和基础，是其实现的必要条件。但是否是充分条件呢？一体化运输服务的实现，是在运营主体（也就是运输企业）的运输组织下，依托交通基础设施和信息网络等构成的运输网络以及运载工具，使得各运输环节在时间上和空间上衔接密切，形成一个完整、紧凑的链条。由此可见，运输服务的实现，运输系统只是其中的载体，活动行为的主体是运输的组织者，也就是运输企业，核心是运输企业的运营组织。因此，交通运输服务一体化的实现不仅仅需要活动载体交通运输系统的一体化，更需要活动主体及运营组织活动外部环境的一体化，即交通运输市场的一体化。

根据交通运输系统的构成，交通运输系统一体化又可分为交通基础设施网络一体化、交通运输信息网络一体化、交通运输工具的标准化。同样，交通运输市场的一体化又可细分为交通运输市场主体的一体化、运输市场规则的一体化和运输市场监管的一体化。

在一体化理念方面，交通运输一体化与其他系统的一体化基本相同，主要还是衔接和平等两方面，在具体细节方面略有不同。在交通基础设施网络和信息网络建设方面，一体化就是要强调相互密切衔接，在建设发展过程中要协调发展，兼顾公平；在运载工具和设备方面，一体化的含义主要是标准化；在市场主体方面，一体化的含义是市场主体的地位平等，能够公平竞争；在市场规则和市场监管方面，一体化是指统一标准。

从我国交通运输一体化的含义也可以看出，在我国交通运输一体化与综合运输的区别与联系。因为综合运输的理念要求对交通运输系统进行统一规划、管理，充分发挥各运输方式的比较优势，合理配置资源，提高系统效率。不仅追求各子系统和要素的衔接，为交通运输行为过程的一体化提供基础条件，而且还追求从宏观角度有效利用和合理配置资源，提高系统效率。因此，可以说交通运输一体化是综合运输的重要理念之一，也是重要的组成部分。

（四）交通运输一体化提出的原因及研究实践的重点

交通运输一体化是交通运输发展到一定阶段的必然要求。交通运输一体化是一体化理念在交通运输领域的一个分支和具体实践，其提出的起因与一体化提出的原因是基本一致的。即以前由于事物发展阶段和我国自身体制的原因，在一定程度上忽视了各子系统、要素之间联系的存在，造成了事物之间的相互隔离，阻碍了事物的发展。具体到交通运输领域，指我国原来实行各运输方式单独管理的行业管理体制以及省、市等地域性行政管理体制。在原来我国交通运输业发展处于初期，这种体制性限制对交通运输整体发展的约束性和阻碍作用很小。随着交通运输业的发展，达到一定规模和水平后，一方面要求提供无缝衔接的高质量运输服务，一方面要求提高系统的整体效益、降低成本。在这种状况下，体制性的约束和系统分离性缺陷越来越明显，并且如果不突破就不可能满足要求。

从目前交通运输一体化的名称和种类也可以看出主要问题是原有的各运输方式单独管理和省市等地域性行政管理体制造成的。如综合交通运输一体化、城市公共交通一体化等主要是针对不同运输方式相互分离提出的，而区域交通运输一体化、城乡交通运输一体化、城乡客运一体化、城乡道路运输一体化等主要是针对地域隔离提出的。这同时也提出了我国实现交通运输一体化的首要任务——要打破政府管理在运输方式上和地域上的独立性，为交通运输自身系统的密切衔接和交通运输行为过程的无缝化提供前提和保障。

近些年来，随着我国交通运输的发展和一体化理念的传播与落实，交通运输一体化成为交通运输业理论研究和建设实践的重点之一，我国已经在这些方面做了很多工作。总体上主要有以下几方面：①对交通运输枢纽的建设和理论研究，促进交通基础设施一体化的发展；②建立和研究统一的交通运输信息平台，促进交通运输信息一体化的发展；③对运输市场一体化研究，在实践方面，一些区域和省市签订了道路运输一体化发展合作协议，促进道路运输市场一体化的发展等。

从目前的研究现状来看，综合交通运输枢纽和信息系统一体化的研究和建设较多，而运输市场体系一体化的研究和建设较少。虽然在现代物流业的推动下，一体化运输服务也有一定的发展，外部市场环境有一定的改善，如一些区域签订道路运输区域合作协议等。但在这方面的仅有研究和建设主要集中在公路运输方面，打破地区保护主义，形成统一公路运输市场。因此，总体上看，这方面还是薄弱环节，存在着许多问题，远不能满足实现一体化运输服务的需要。如作为市场主体的运输企业，不同的企业性质导致追求的目标和驱动力不同，相互之间难以合作或形成联盟促进各运输环节无缝衔接；各种运输方式的市场开放程度不同，导致运输企业不能公平的竞争等。没有市场外部软环境的保障，运输企业就难以充分地竞争和配合，不管交通基础设施和信息系统在一体化方面具有多高的水准，也发挥不了其应有的功能和作用，一体化运输服务就难以实现。因此，对于交通运输市场一体化研究和建设的缺乏已经成为影响一体化运输服务实现的主要障碍，需要对其进行系统的研究，提出相应的政策措施，以促进统一的运输市场的形成，进而实现一体化的运输服务。

二、转变交通运输发展方式的必要性

交通运输系统作为整个社会系统的一个子系统，其增长方式一方面与系统本身发展规律有密切关系，另一方面也与交通运输系统的外部环境密不可分，包括交通运输的服务对象——经济社会和交通运输发展的约束条件。下面从三个方面详细分析我国的交通运输增长方式转变的必要性。

（一）交通运输自身发展规律要求转变增长方式

增长方式是一个历史的、动态的和相对的概念，其客观性要求交通运输增长方式与一定的交通运输发展水平和发展阶段相统一。一定的交通运输增长方式是由交通运输增长的内容和交通运输增长的各要素所决定的，而一定的交通运输增长内容以及交通运输增长的要素分配、组合和使用方式，总是与一定的交通运输发展阶段相适应并受其制约。因此，要分析现阶段及以后的交通运输的增长方式，必须分析交通运输增长内容的现状。交通运输需求具有多样性和多层次的特点，因此交通运输供给也必须与之相适应，这就要求其增长不但包括交通运输总量的增长，而且包括交通运输结构优化。

交通运输全面紧张、运输能力严重不足的状况已有了较大缓解，形成了具有一定规模和服务水平的综合交通运输体系。在交通运输发展到这一阶段后，交通运输系统存在的矛盾和问题有了新的变化：一方面，由于交通运输需求的不断增长，交通运输整体供给能力仍然不足，需要进一步增加基础设施投入满足需求，这是之前问题的延续；另一方面，原来运输能力严重不足时不曾有的运输结构问题开始出现，导致各种运输方式没有充分发挥各自的比较优势，暗含着资源没有得到最充分、最有效的利用。这种结构性的问题既体现在各种交通运输方式之间，如铁路总量规模严重不足，能力依然非常紧张等，同时也体现在交通运输方式内部，如港口泊位结构、干线与支线机场比例等问题。运输结构方面的问题同时还体现在地域分布不均衡等方面。随着交通运输的进一步发展，能力不足的问题将越来越小，而结构性问题将越来越突出。

交通运输的供给是运输服务的供给，交通基础只是基础和前提条件，只有通过交通运输的运营才能真正提供出最终产品——交通运输服务。因此，运营效率的高低也是决定交通运输供给的一个重要因素。前一段时间，我国更注重交通运输基础设施的建设，而不太注重运输水平的提高，导致交通基础设施没有得到充分利用，没有提供出应有的交通运输服务。

交通运输在这一阶段的这些新问题和新特点要求其在进一步发展的过程中不能完全继续原有的增长方式，必须在原有的基础上转变交通运输增长方式，解决当前以及未来交通运输发展中的问题，适应和满足社会经济发展的需要。

（二）经济社会的发展要求转变交通运输增长方式

交通运输是为经济发展服务的，同时也是经济发展的重要组成部分，这两方面都要求交通运输增长方式的转变。

首先，经济社会发展对交通运输提出的需求需要交通运输转变增长方式与之相适应。在需求种类和层次方面，当前我国处于工业化后期，经济的发展需要大量的原材料、能源，同时产出大量的初级产品，并且我国原材料、能源以及生产地和消费地分布不均衡，这样就必然导致原材料、产成品等大宗物资在原材料、生产地、消费地之间大量的运输。同时，原材料、能源的进口和产品的输出也越来越大，同样需要国际运输来完成。这些长距离、大宗物资的运输更多的是需要铁路、水运以及管道的运输，但是由于近几年来我国铁路发展相对较慢，不能有效满足这种运输需求，而这一时期高速公路发展相对较快，这种情况下，公路运输在一定程度上代替铁路满足了一部分运输需求，但无论是从交通运输资源的利用还是效率方面，都是不经济的。交通运输需求与供给结构之间的不匹配要求转变交通运输增长方式，调整交通运输供给结构，使得交通运输的供给与需求相一致，实现资源、能源的有效利用。

在需求质量方面，随着社会经济的发展和人们生活水平的提高，对交通运输的质量提出了更高的要求，交通运输单纯依靠数量扩张的粗放式发展已经不能满足现有要求。随着工业化的发展，未来的交通运输需求不但总量不断提高，质量要求也会越来越高。工厂的及时生产和新型的流通体制都要求不管是原材料还是产品的运输都要在现有的基础上及时或准时。同时，人们的出行也要求快速化、准时性和舒适、安全。不管是客运还是货运，这种运输质量上的高要求不是粗放式发展所能解决的，必须转变交通运输增长方式，进行科技创新，改善交通运输工具，提高交通运输组织方式和服务水平。

其次，经济增长方式的转变要求转变交通运输增长方式。当前我国交通运输的增长还是主要依靠土地、资源等的高投入，还会对环境造成较大的污染，交通运输的全要素生产率较低，是一种粗放型的增长方式。交通运输不但为社会经济所服务，同时作为生产型服务业，也是社会经济中的重要组成部分。我国正在进行经济增长方式从粗放型向集约型转变，在这种形势下，交通运输也必须转变增长方式与之相适应，只有这样才能实现整个经济增长方式的转变。

（三）交通运输发展的外部约束条件要求转变增长方式

交通运输的发展需要诸多资源的支持和约束，尤其是土地、能源等，这些稀缺性资源的供给能力，以及生态环境的承受能力，对交通运输发展具有重大的影响。我国资源总量虽然堪称丰富，但人均资源不足，大部分类别的人均占有量低于世界平均水平。长期以来，我国交通运输的快速发展，在很大程度上是靠高投入和资源消耗推动的，发展过程中存在着不断加大对交通建设投入而对节约资源、保护生态环境重视不够的问题。构建节约型社会以及可持续发展理念，要求交通运输的发展必须修正外延式、粗放的增长方式，减少交通对空气、环境、安全和生态的影响，解决土地、能源和资金等资源的有效利用问题，走内涵式、集约化的资源节约型可持续发展之路。

1. 土地资源占用

交通运输基础设施的建设占用大量的土地资源，如铁路、公路、客货运站场、港航码头、机场以及运输服务区等交通基础设施的建设，都需要占用土地。由于土地资源的紧缺性和有限性，要想满足不断增长的运输需求，单纯依靠加大土地等投入的粗放式增长方式是不可行的，必须转变增长方式。同时，即使在进行交通运输基础设施建设的时候，也要选择土地资源占用少、使用效率高的运输方式和工程项目。因为不同的运输方式对土地资源的占用不同，单位长度提供的交通运输服务供给能力也不同。

2. 能源使用

能源是经济发展的重要物质基础。交通运输是目前能源消耗量最大，也是能源消耗增长最快的一个部门。交通运输的发展需要能源的支撑，有效节约和合理利用不可再生的能源，既关系交通运输的可持续发展，又关系我国能源安全。转变交通运输增长方式，发展低能耗的交通运输方式，提高能源的利用效率等，应成为构建节约型社会、促进我国交通运输可持续发展的重要内容，具有很强的必要性。

3. 生态环境保护

交通运输在建设、生产过程中会对生态环境产生极大的负面影响。交通运输基础设施的建设会对区域的水土、植被、动物生存环境及人们的居住、生活环境与人文景观带来影响，施工、运输过程产生的废渣、废气、噪声等，更是会造成大气污染、水污染、噪声污染，影响人们的生活质量。尽可能防止和减少交通建设、运输对生态环境的不利影响，使交通运输发展与生态环境相协调，这些方面都要求转变交通运输增长方式，尽可能地选择对环境影响小的运输方式。不同交通运输方式对环境的污染强度也不同，根据有关研究表明，客运方面（人/公里）造成的对环境的污染强度公路是空运的 1~2 倍，是铁路的 10 倍左右；货运（吨/公里）造成的对环境的污染强度公路是铁路的 10 倍左右。

因此，从交通运输发展的外部约束条件看，交通运输是国民经济的重要组成部分，交通运输系统的发展需要消耗大量资源和能源，交通运输可持续发展是我国可持续发展战略的重要环节，是构建资源节约型社会的关键领域。资源总是有限的，而交通运输需求则是不断增长的，因此当交通运输发展到一定阶段，必然会面临交通运输增长与资源不足的矛盾。在当前和今后的较长时期内，土地、能源、资金等资源将成为交通运输发展的硬约束，单纯依靠大量消耗和占用资源进行交通运输基础设施建设换取交通运输供给较快增长的路子已经难以维持，这就要求交通运输发展必须考虑资源、环境的承载力，加快转变增长方式，通过提高交通基础设施的利用率增加供给，减少对土地、能源、资金等资源的占用和消耗，降低环境污染和破坏，在环境和资源承载力允许的范围内发展并保证与自然环境的同步发展。

总之，较长一段时间以来，交通运输都是我国经济社会发展的"瓶颈"，国家宏观调控加大了对交通基础设施的建设，当前我国的交通运输已经基本缓解了对经济发展的制约。同时，我国正处于新的经济发展阶段，交通运输也处于新的发展阶段，交通运输的外部约束条件越来越强。在这种前提和基础下,我国的交通运输应该转变交通运输的增长方式,在继续扩大交通基础设施规模的同时,更加注意协调交通运输结构,提高交通运输的运营水平和效率,以提高基础设施的利用效率等,用最少的社会成本提供出最多、最有效的交通运输服务,以适应和满足社会经济的发展。

三、我国交通发展的驱动力转变

驱动力是指推动发展的原动力,在经济社会领域,不同的发展阶段驱动力有所不同。在发展初期,主要是指投资、出口以及劳动力、土地和能源等方面的投入,随着经济的发展与转型,消费、创新、技术、科技、人才、观念、体制机制等成为新的驱动力。

(一)我国交通运输发展既有驱动力

十几年来,为快速缓解能力紧张的状况,我国交通运输发展主要采取修建公路、铁路、港口、机场等交通基础设施的手段,对技术改造、运营组织创新等重视相对不足。

交通基础设施大规模建设必然有大量土地、资金等要素的投入。技术改造、新技术的应用对于提高运输效率和能力具有重要作用。如我国铁路客运列车经过技术改造,六次大提速,运输速度、能力和效率都有显著提高。

(二)驱动力转变的必要性

交通运输未来发展面临的土地、资金以及社会发展等外部形势和自身发展阶段、任务均要求转变驱动力与之相适应。

交通基础设施占用土地较多,大规模建设受土地约束越来越强。我国土地资源紧缺,人均耕地面积不到世界平均水平的40%,合理利用土地与保护耕地是我国长期的基本国策。因此,由于土地资源的紧缺性和有限性,要想满足不断增长的运输需求,单纯依靠土地等投入驱动的粗放式发展方式不可持续。

投资、出口拉动型经济发展模式的转变和相对紧缩的货币政策,将使交通基础设施建设资金受到很大影响。基于我国的发展战略,未来在经济复苏后,必然要逐步收缩大规模的基础设施投资。另外,近几年我国居民消费价格指数持续保持在高位,通货膨胀压力一直较大,需要相对紧缩的货币政策。这两方面必然对交通基础设施建设的融资有很大影响。目前中央采取的货币紧缩政策已经对交通建设产生了较大影响,导致许多项目放缓甚至停工。

交通运输发展应适应科技推动发展的大趋势。我国改革开放以来的经验表明，改革开放和科技进步是推动我国经济社会发展的两大根本动力。未来必须紧紧依靠科技进步，加快形成少投入、多产出、少排放、多利用的生产方式和消费模式，促进我国经济尽快走上内生增长轨道，依靠科技创新加快转变经济发展方式。可以说科技创新是未来我国经济社会发展的主要驱动力，交通运输业作为国民经济发展的基础，是经济社会的重要组成部分，也必须适应这种趋势。

我国交通运输现阶段的发展任务要求转变发展的驱动力。经过较长一段时间的建设发展，我国交通运输供给能力对经济发展的制约已经基本放开，未来经济社会发展对交通运输产生的新需求不仅是数量上的增加，更多的是在质量上的提高。在新的发展阶段，我国交通运输发展的主要任务是协调发展，进行体系完善，提高效率，适应满足经济社会发展的新需求，发展由通道建设为主向通道与枢纽建设并举转变，由建设为主向建设与服务并举转变。发展任务在很大程度上决定着驱动力，在能力严重紧缺阶段，需要通过大规模建设基础设施这一最有效手段和途径，必然需要大规模的要素投入，但在新的发展阶段，对于完善体系、提高整体效率和运输服务水平等发展任务，必须要转变发展方式和途径，在交通基础设施建设的同时，加大科技应用和管理，通过科学管理等手段提高运输能力，同时这也是提高运输服务水平的最有效手段。

（三）交通运输发展驱动力转变的思路

面对发展外部约束条件，适应经济社会发展的大趋势，结合未来交通运输自身发展任务，我国交通运输发展的驱动力应由目前土地、资本要素投入为主向要素投入、科技进步和运营管理创新并举转变，逐步实现从投入带动到技术、管理推动。与原来主要依靠增加物质资源消耗驱动相比，未来更加注重新技术的应用和运输组织管理创新，用现代科学技术、管理技术改造提升交通基础设施和运输装备的现代化水平，充分发挥存量的效能，提高交通服务的能力和水平。从资源配置和使用的角度看，以往更多的是从经济社会中获取资源到交通运输系统中，未来应当更好地、更充分地发挥这些资源的效率，产生更多、更好的运输服务，实现小投入、大产出的效果，使投入产出比更高，从粗放式发展到集约化、精益化发展。

1. 继续保持一定数量的土地、资本要素投入

我国在较长一段时期内还需持续进行一定规模的交通基础设施建设，这必须投入一定数量的土地和资本等要素，新技术的研发与应用、技术改造等也都需要一定的资本投入。

我国正处在工业化、城镇化发展的中期，还需要很长一段时间才能基本完成工业化和城镇化，在这一过程中，运输需求在数量和质量方面都将保持较高的增长速度，即使目前规划的高速铁路、客运专线网络、国家高速公路网等骨架网络基本建成后，也还必须进一步进行基础设施建设的完善，尤其是一些县乡农村公路，实现联通成网的任务还很艰巨。另外，近些年建成了大量的公路、铁路等交通基础设施，许多已经开始进入大修改造的时期，如此庞大规模的交通基础设施的养护、改建，也都需要大量的资金予以支撑。新技术的研发与应用同样也要投入相应的资金支持科研工作、相关设施设备的安置或更新等。

2. 更加注重新技术研发与应用、管理创新

科技创新是促进交通运输业发展的不竭动力，是决定交通运输总体效能的关键因素之一。技术进步是提高交通投入全要素生产率的重要手段，在投入水平不变的情况下，技术进步、合理的运输组织可以促进交通运输业劳动生产率及资本产出率的提高，推动集约化发展。目前我国的交通运输领域的总体科技含量不高，交通基础设施、技术装备和运输管理水平相对较低，基于高新技术的现代管理技术刚刚起步，与发达国家相比还存在着较大差距。交通运输作为传统的生产型服务业，应适应国家提出的用高新技术改造传统产业的要求，以现代科学技术改造传统交通运输业，充分发挥科技创新在交通运输发展中的引领作用，特别是要充分利用现代信息技术和现代管理技术。

（四）驱动力转变的主要任务与措施

未来交通运输发展驱动力转变的主要任务包括以下几方面。

1. 重视基础设施和载运技术的研发与应用

（1）重视交通基础设施耐久性技术，延长使用寿命

延长交通基础设施的使用寿命是变相地减少土地资源、资金的投入。我国许多高等级公路路面的平均寿命不到 8 年，是发达国家高等级公路路面使用寿命的 1/3，这使得大中修期普遍提前，高速公路和普通干线公路在建成后 4~5 年就需要进行大中修的现象十分普遍，造成了严重的资源浪费。另外，桥梁、铁路线路等基础设施同样也存在寿命周期过短、需要加固改建等情况。这些都迫切需要通过科技创新来解决，从而提高基础设施的耐久性，提高基础设施养护效率和加固水平。

（2）加强重载和装卸等技术改进、调整运力结构，提高载运能力

重载技术、港口装卸效率、运力状况都对运输能力有很大影响。高效的运输效率和装卸效率，也同样减少了铁路、港口基础设施的建设，减少了相关要素的投入。公路运输营

运车辆的专业化和标准化也大大提高了运营效率。

2. 加强信息技术的应用和系统整合

（1）进一步提高运输企业的信息化水平

运输企业信息化既是提高自身管理、运输组织水平和效率的前提，也是实现整个交通运输行业信息共享、建立平台的基础。我国铁路、民航、沿海水运运输企业的信息化水平相对较好，但公路运输企业普遍偏低，不能适应现代化管理的要求，严重影响着企业自身运输组织和运输效率，也阻碍了不同运输方式、不同运输企业之间的信息共享与交流，难以实现相互间的联程联运，进而影响到整体运输效率。未来应进一步提高各类运输企业，尤其是公路运输企业的信息化水平，为提高运输管理组织水平、建立公共信息平台提供基础。

（2）加快推进公用信息平台的建设完善

建立互连互通的立体交通通信网络，建立综合运输信息采集和共享机制，整合完善统一的 GIS 平台、GPS 管理与服务平台、视频监控管理平台等基础支撑平台，形成统一的交通信息资源体系。切实加强信息资源的开发利用，加快交通基础设施建设管理系统和运输组织管理系统的建设，促进各运输方式信息系统对接和资源共享，整合公众信息服务系统，建立一个面向公众的交通信息服务中心，通过统一的交通服务信息发布平台。大力发展货运物流服务信息网，促进货运市场电子化，加强运输企业之间信息的联通共享，减少票证及单据的流通障碍，为公众出行和货物运输提供全面覆盖、及时可靠的信息，提高交通运输管理的效能和服务水平。

3. 加快推进智能交通系统建设

积极采用先进的现代信息技术、通信技术，加快智能交通系统的开发和研究，提高交通运输运营水平和管理水平。智能交通系统可充分发挥现有交通基础设施潜力、提高运输效率和效益、改善交通安全、缓解交通拥挤，提高整个路网的运输效率和通行能力。实践已经证明智能交通系统对改善交通状况有积极作用，如出行诱导系统、良好的信号控制系统等都可以很好地提高城市道路的通行能力；不停车收费系统可以大大提高高速公路的通行能力。这些技术系统都需要进一步完善、推广。其中不停车收费还留有技术问题和体制问题，因此，要求科技创新要与体制改革和机制创新同步。

4. 提高运输组织管理水平

科学合理的运输组织方式能够提高运输效率、减少交通流量、提高运输能力，同时还可以降低成本。运输组织管理可以分为宏观层面和微观层面两类。

（1）加强不同运输方式、不同企业之间协调衔接

宏观层面的运输组织管理包括实现不同运输方式、不同运输企业之间的分工与配合。加强各种运输方式之间的有效衔接，实现一体化运输服务是提高运输效率的有效手段。欧盟的实践表明，一体化运输可使行程时间缩短 20%，使运输网络的运输能力提高 5%~10%。宏观层面的运输组织管理最终由不同运输企业的运营实现，这需要做以下几方面的工作：首先，需要充分利用现代科学技术，完善综合运输体系规划，加强交通建设和运输服务的标准建设，强化信息资源、运输资源的整合共享。其次，需要研究应用以现代物流技术、集装箱多式联运技术和运输信息标准化技术为标志的一体化运输管理技术，实现不同运输方式间运输设施和装备的有效衔接、信息交换和处理的高效协同。最后，构建规范的一体化运输市场，鼓励跨行业整合运输资源和拓展业务，以及跨行业、跨区域的运输企业间开展多种形式的合作，实现规模化、集约化和网络化经营。其中，重点推进集装箱多式联运、甩挂运输等运输组织方式，完善促进全面发展的政策法规和标准规范体系。

（2）提高运输企业自身运输组织管理水平

微观层面上的运输组织管理是指在单个运输企业层面上，利用计算机或人员进行优化运输工具的配载和运输服务路线，最直观的表现是车辆利用率的提高，在单位时间内以最少的交通量运输更多的旅客和货物。通过优化运输网络布局、实行循环配送替代并行交通，则比传统的单线路配送速度快，效率提高约 20%~50%，再如采用甩挂运输方式，车辆有效行驶里程将提高 20% 以上，相当于节省了 20% 的运输成本和交通流量，增加了同等规模的运输能力。与发达国家相比，我国大中型汽车运输企业计算机应用的深度和广度还远远不够，未来应建立和完善交通信息系统，掌握客货流向和流量变化规律，加强货运组织和运力调控，提高货运车辆实载率，特别要有效利用回程运力，降低空驶率。

5. 加大科技投入，重视人才培养和提高从业人员素质

加大在交通运输方面的科技投入、人才培养和提高人员素质是实现发展驱动力转变的保障措施。要切实加大交通运输科技投入，力争科研资金投入逐年提高，引导企业、科研机构和高等院校等社会资金投入交通科技研发领域，积极开展交通基础设施建管养、运输组织与管理、智能交通、综合运输和现代物流等重点方向的研发。在引进、消化和吸收国外先进技术的同时，根据我国国情，研究开发我国适用的交通运输应用技术，进一步提升自主研发能力，争取在关键技术上取得突破。依托重点工程和重大科研项目，支持科研骨干潜心开展基础研究和科技攻关。注重优秀青年科技人才队伍建设，以培养优秀青年科技骨干为目标，支持优秀青年参与学术交流、考察培训和国际合作。交通运输行业人员的技

能素质是决定生产效率的重要因素，要求在实践中既要提高管理者素质，又要提高从业人员的操作技能，鼓励在生产建设一线开展科技创新实践和技能交流活动。

四、交通运输资源优化配置

由于体制和机制的原因，目前我国交通运输资源配置还不合理，资源利用效率不高、公平性体现不够，整体效益不理想。针对我国目前交通运输资源配置中在机制和内容方面存在的问题，需要进一步认识和充分发挥政府与市场在交通运输不同领域中的作用，对其薄弱环节进行重点建设，提高资源的利用效率和公平性。

（一）交通运输资源的范畴

根据经济学中资源的定义进行类推，交通运输资源是指实现运输服务所投入的所有人力资源、物力资源和财力资源的总和。

运输服务是以交通基础设施为支撑，通过运营活动来实现的，因此其资源的投入可以分为两部分：交通基础设施建设、维护投入的资源和运输服务运营活动过程中投入的资源。

交通基础设施（公路、铁路、城市道路、机场、港口码头、航道以及各枢纽场站等辅助设施）是其建设、维护过程中投入的各种资源（人力、资金、土地、空域、岸线等资源）所形成的物质形态，因此交通基础设施的规模数量可以代表该领域投入资源的数量，其布局代表着该部分资源的分布。

运输服务运营活动投入的资源主要指购买交通运输工具（汽车、火车、飞机、轮船等）、设备和运营活动中所投入的资金、人力以及运输过程中消耗的能源等。

（二）交通运输资源的投入主体

交通运输资源的投入有政府和社会企业两大主体，交通运输构成要素的不同经济属性决定了其资源投入的主体不同。

交通基础设施从其经济属性上来说，是公共品或准公共品，其资源投入应该由政府来主导。交通基础设施大体上又分为两类：一类是具有可经营性并有盈利的交通基础设施，一般是重要干线运输通道，如高速公路、铁路客运专线、铁路煤运专线、枢纽机场、枢纽港口等。由于这些交通基础设施的可经营性和盈利性，可以通过一定的机制和手段，全部吸引社会企业投资进行建设、运营。另一类是处于运输线路的末端或偏远地区的交通基础设施，不具有经营性或盈利性，主要由政府来进行投资建设，或通过一定机制吸引社会企业进行部分投资。另外，不管哪类交通基础设施，投入的资源中，土地资源均由政府进行统一投入。

运输服务从经济属性来说是私人产品，其资源主要由社会企业来投入。有一些运输服务由于客源少或定价问题，本身不具有盈利性，社会企业由于其追求利润的本性，不会投入资源进行相关服务的运营，需要政府通过各种形式进行一定的投入，引导企业投入资源进行该运输服务的运营。

(三) 交通运输资源配置的含义

交通运输资源配置有两层含义：

第一，指交通运输系统如何从整个社会系统中获得人力、物力、财力等社会资源的投入，进而形成运输服务，最大程度满足人们生活和社会生产发展需要。

第二，指如何有效地将全社会对交通运输系统投入的人力、物力、财力等资源在各种不同运输方式、空间上的分配，使这些资源能够发挥最大的效益。

一般来说，第二层含义被人们更理解和重视，也是本研究所重点考虑的范畴。

(四) 交通运输资源优化配置的目的和目标

交通运输资源优化配置的目的是追求公平与效率。从交通运输资源配置的第一层含义理解，其目标是从整个社会系统中获取必要的资源进行交通运输系统建设，该资源在有效利用的前提下，能够最大程度上满足社会生产和人民生活对交通运输的需求。从交通运输资源配置的第二层含义理解，其目标是在交通运输系统内部，实现资源分配的公平和资源利用效率的统一，发挥该部分资源的最大效益。其中，公平是让不同地区或不同层次的人们享有同样或类似的基本出行服务，效率是使交通运输资源得到充分、高效的利用。

在交通运输系统内部，对不同要素所投入的资源追求的目标不同可分为两类：投入在干线运输通道上的交通基础设施（如高速公路、客运专线、枢纽机场、枢纽港口等）和大部分运输服务（如公路干线运输等）的资源，追求的目标是利用的高效率；投入在支线或偏远地区的交通基础设施（如农村公路、支线机场等）和部分旅客运输服务（如农村客运、支线航空等）资源，与在干线运输通道上的资源相比，其效率低很多，但仍要投入相应的资源，主要是为了体现公平。对于这些资源本身，也要尽可能地提高其利用效率。

在资源有限的条件下，效率和公平容易产生矛盾，交通资源优化配置的目标选择公平还是选择效率成为两难的选择。交通运输资源配置到干线运输通道上其利用效率肯定比配置到支线和偏远地区高，但这样有失公平；如果把资源配置到支线和偏远地区，在一定程度上体现了公平，但其利用效率又很低。因此，在交通运输系统内部，资源优化配置需要实现效率和公平的统一，实现资源的最大效益。

（五）交通运输资源优化配置的机制和手段

交通运输资源优化配置有政府调控和市场竞争两种机制。市场机制的核心是通过竞争提高效率，对于追求效率为目标的交通运输资源，市场是优化配置的最好机制。但由于市场的自身特性，对于公共品、准公共品在宏观层面会出现"市场失灵"的现象，需要政府对资源来进行宏观调控配置。同时，在解决公平问题时，市场机制也不能发挥作用，需要政府进行配置。

交通基础设施属于公共品或准公共品，同时由于其自然垄断性，决定了该资源的投入供给主体是政府，更决定了在宏观层面上的优化配置也必须依靠政府。规划是政府在该方面资源优化配置的最重要调控手段和方法，只有在规划范围内的交通基础设施才允许建设。在建设和运营层面，应充分发挥市场机制，增加外部资源投入，提高资源利用效率。

对于可经营的交通基础设施，在建设和运营时，充分利用其可经营性和盈利性，市场化融资，吸引社会资本尤其是民营资本进入，增加外部资源的投入。同时，市场机制也正好能够完成这些资源追求高效率的目标，因为社会投资尤其是民营投资比政府投资更能保证资本即资源的使用效率。这也要求应增加民营资本比重，减少政府投资，包括中央政府、地方政府以及国有企业的投资。

在体现公平的交通基础设施方面，如农村公路、支线机场等，虽由政府为主导进行投资，但在建设、运营模式上可进行市场化运作，如这些设施的建设采用BT模式等；鼓励形成交通基础设施养护、运营公司，通过招投标市场竞争的方式进行运营管理的委托。

交通运输服务属于私人产品，其资源投入主要依靠社会企业，资源的优化配置主要依靠市场，但政府需要进行一定的引导。

运输企业的运营服务活动决定着基础设施的利用效率，只有运输服务活动合理，交通基础设施的资源配置才会合理。政府通过运输价格、税收、基础设施收费定价等手段，尽量做到外部成本内部化，以达到从社会成本看同样也是合理运输的目的。

在城市公共交通和农村客运这些公益性的运输服务运营方面，需要有政府各种形式的投入才会有企业去运营。具体形式包括政府购买运营企业的服务提供给出行者；通过税收减免和直接补贴的形式给予运营企业一定补贴，出行者自己购买相对廉价的服务；直接补贴出行者，让其购买相应服务等。

（六）我国交通运输资源配置的优化构想

基于我国交通运输资源配置方面的现状和存在的问题，对其进行优化的整体构想为：

第一，在配置机制方面，充分发挥市场和政府两种机制在交通运输资源配置优化中的作用，进一步明确各自使用的范围和领域，改变目前过度依赖政府现状，充分认识和挖掘市场在资源配置过程中的作用。在提高资源利用效率、避免资源闲置浪费的同时，从整个社会系统中获取更多可能的资源，进行交通运输系统建设，以弥补当前交通运输资源整体不足的现状，最终达到在有效利用资源的前提下，交通运输资源能够满足社会生产和人民生活对交通运输的需求。

目前需要以铁路运输领域为重点进行改革，利用市场机制吸引更多的社会外部资金。一方面能够加快增加铁路运输领域的资源数量，促进交通运输系统内部资源配置结构更加合理，另一方面可以把节省下来的政府资金转移到体现社会公平的城市公交和农村客运领域，缩小资源配置在公平方面的差距。

第二，资源只有投入到最紧缺的领域和最薄弱的环节，其发挥的效益才能最大。目前交通运输资源最为紧缺的两个领域是铁路和城市轨道交通；交通运输枢纽是目前交通运输系统的薄弱环节，也是影响系统整体效率的关键环节。因此，从资源利用效益最大化的角度分析，首先应该建设铁路（客运专线和能源等大宗物资运输线路）和城市轨道交通，同时加大对交通运输枢纽的建设和完善，促进交通运输系统整体协调发展，提高系统效率。

第三，与城市相比，我国广大农村和西部偏远地区人均交通资源和享有的基本运输服务水平仍有较大差距，这也是目前我国交通运输领域内最大的不公平。从公平享有交通运输资源的角度来看，应进一步加强该领域的建设，即仍需把农村公路和农村客运以及西部偏远地区的支线民航作为未来的建设重点之一。

五、降低投资规模，创新投资模式，推动交通基础设施高质量发展

"十四五"时期，中央和地方财政用于基础设施建设将面临资金越来越少的局面，交通基础设施也脱离了"瓶颈"约束进入提质增效和补短板的新阶段，应该循序渐进地降低投资规模。为加快推进城市交通尤其是城市轨道建设，做好既有交通基础设施的维修养护，应在既有资金使用和拓展资金渠道两个方向加强投融资创新，要继续完善并利用PPP

模式，要积极稳妥探索 ABS、REITs 等利用存量交通基础设施融资，同时要统筹中央预算资金支出、加大对城市交通的支持，从而实现交通基础设施发展过程和发展结果的高质量。

交通基础设施高质量发展需要解决两层问题：一是发展过程中的问题，要解决建设有必要、财政与投融资健康可持续；二是发展结果的问题，要解决网络结构和技术标准科学合理。当前，我国经济、财政和交通基础设施均进入了一个新的发展阶段，尤其"十四五"现代化起步时期，必须解决好交通基础设施的高质量发展和模式转换问题。

（一）经济新常态出现新变化、增加新难度，财政支出日趋紧张，原有的基础设施建设资金来源会越来越少

外部环境加剧经济发展面临的挑战，"十四五"期间资金来源尤为艰难。我国经济已经从高速增长进入中高速增长的新常态，进入产业转型升级的新阶段。当前复杂多变的全球形势进一步增加了我国经济发展的难度和不确定性。美国挑起的中美对抗向"去中国化"趋势明显。在此背景下，一方面，学习借鉴国外科技越来越难，从基层就开始独立研发，使得产业转型升级更加艰难、缓慢；另一方面，以外资为代表的产业转移逐步加速，国际市场、外贸出口逐步萎缩。这些都将给我国经济发展带来了更大的挑战。当然，因疫情而实施的减税降费力度较大，如果能较长时间实施，会带来较强的"放水养鱼"效益；同时，如果我国在国有企业改革、财产和知识产权保障等方面深化改革到位，将显著改变国内、国际发展环境，使我国经济中长期快速增长，也将提升"十四五"期间的发展速度。

政府财政支出能力日趋紧张，用于基础设施建设的资金越来越少，交通基础设施总体由政府主导投资建设，政府财政支出能力对其有重大影响，未来将日趋紧张。首先，政府财政收入增速将显著降低。在当前经济发展面临严重挑战的条件下，保企业、保就业成为首要任务，GDP 社会增加值在政府、企业、个人三者分配中，政府需保持较低比例，减少降低税收是较长时间内的必然，一般预算收入将保持低速甚至负增长。同时，随着土地城镇化的逐步结束和"房住不炒"的环境下，地方政府土地财政收入也将逐步减少。其次，政府举债空间逐步减少。当前，中央债务水平总体较为健康，仍有一定的空间；地方政府总体债务水平较高，空间较小。由于中央财政提高赤字率、发行"防疫"特别国债和不断扩大发行地方政府专项债等，"十四五"期间及以后，各级财政的债务空间均越来越小。随着政府财政收入和举债空间逐步减小，政府支出能力越来越弱，许多地方政府已经进入"保基层运转"状态，可用于基础设施建设的资金非常少。

(二) 资金来源减少，好钢用到刀刃上，经济和交通产业健康发展均要求精准投资、循序渐进降低相对粗放的交通基础设施投资规模

交通基础设施虽为必需的基础设施，但已不是最紧要的财政支出领域，应适度降低投资规模。自 20 世纪 90 年代，我国就开始大规模建设高速公路、港口水运，高速铁路、农村公路也已经大规模建设了十几年，目前公路、铁路网络已经基本覆盖全国绝大部分地区和人群。我国交通基础设施虽然仍有少数薄弱环节，但总体已不再是经济社会发展的短板。在《"十三五"现代综合交通运输体系发展规划》中，明确我国交通运输在"十二五"末期已经"总体适应经济社会发展要求"，又经过近五年的建设发展，应更加适应和满足经济社会的发展，进一步建设发展的紧迫性逐步降低。党中央、国务院自提出"六保"任务以来，应统筹考虑财政支出结构，适度降低交通基础设施的投资规模，将非常有限的财政资金优先投入基本教育、医疗等更为紧缺的民生的"短板"，有效实现"保基本民生"。

稳定经济增长仍需要有一定规模的交通投资。投资、消费和外贸是经济增长的三辆马车，长期看，我国需要逐步弱化投资和外贸，强化消费对经济的推动。"十四五"期间，我国稳定经济增长、保障就业的压力很大，在外贸前景不乐观、消费短期内难以显著提升的条件下，仍需要发挥投资的重要作用。其中，房地产投资不能再刺激加强，工业产业投资以企业市场主体为主，政府调控影响较小，因此，政府主导的交通基础设施投资仍需要保持一定的规模，作为"稳投资"的重要内容。

要循序渐进地降低相对粗放的交通基础设施投资规模。从我国交通运输发展阶段和财政支出能力、支出结构的合理性看，需要适度降低交通基础设施投资规模，但从稳定经济增长和行业的健康发展角度考虑，又需要保持一定的投资规模，不能过快缩减，应循序渐进。综合考虑，在"十四五"前半期，因稳定经济增长的压力较大，交通基础设施投资规模递减速度应在 10% 以内；后半期，随着经济逐步恢复，可适度加大递减力度，具体要视经济增长、其他基础设施建设投资等情况而定。

(三) 交通基础设施建设应更加突出补齐短板、优化结构和支持引领新的发展格局

在投资规模逐步减少、投资约束越来越强的环境下，在交通基础设施不再全面短缺、不再是经济社会发展制约瓶颈的条件下，与以往相比，投资建设更加强调领域和项目的精准选择，以补齐网络和行业短板为重点，注重优化结构，支持引领新的发展格局。

建设重点从全国范围内的大交通逐步到城市及都市圈交通以来，我国交通基础设施建设以中央政府主导为主。根据财权事权划分，中央政府投资主要以支持并引导铁路、公路、机场、港口等大交通为主，相应的交通基础设施发展较快，更好地支撑和适应了经济发展。随着城镇化的快速发展，越来越多的人进入城市，汽车的普及度也日渐提高，交通拥堵、停车难等城市交通问题越来越突出。从综合交通运输体系整体看，城市交通成为最大的"短板"。虽然各城市尤其大城市、特大城市近些年也已经开始发力建设轨道交通，采取各种政策措施进行综合治理，但城市交通问题仍未有明显改善。未来，以人为核心的新型城镇化和机动化进一步推进发展，为避免城市交通的矛盾持续加剧、恶化，交通基础设施建设的重点应从大交通逐步向城市交通倾斜和转移。

城市轨道交通是最需要高度重视的投资建设领域。城市交通治理总体上更多是通过经济、法律等手段进行出行方式引导，但轨道交通建设仍是大城市从供给侧改善公共交通的主要途径，是必要、迫切的。与欧美国家不同，我国城市轨道交通建设滞后于城镇化、机动化发展，是在城市产生较严重交通拥堵后不得不进行的"补课"。不管是从需求的必要性还是当前发展的惯性看，城市轨道仍处于大规模建设时期。在大力推动都市圈发展的当下，城市轨道建设要考虑市郊铁路，但当前相对成熟的都市圈并不多，且这些都市圈多已有市域快线等轨道（虽然技术标准不合理）承担了相应的功能，真正需要新建市郊铁路的数量和比重不大。

（四）交通基础设施投融资需要在完善既有模式基础上寻求改革创新，应对投资方向改变和新领域发展的需要

随着政府财政支出能力的不断下降，以政府财政资金投入作为项目资本金进行银行贷款，这种传统的交通基础设施投资模式越来越不可持续，必须改革创新。

充分利用好国家债券、地方政府专项债等各种债券资金。针对当前地方政府财政支出能力极为有限，而又需要保持一定的投资力度的状况，近期，国家发行了一系列债券，包括增加了地方政府专项债券、企业项目收益债等，允许其作为项目资本金，并降低了资本金的比例。这在一定程度上解决了当前基础设施建设的燃眉之急，各地政府应按照相关规定用好这笔资金，同时要探索更长远、可持续的投融资模式。

要继续完善并利用好PPP模式。PPP模式除投融资功能以外，还能促进项目投资更加理性、运营管理更加科学等，适用于很多交通基础设施。近两年PPP模式推进不理想，出现一些问题，但不能否认这种模式的有效性和科学性。今后应系统总结并针对当前出现

的问题，如政府态度与能力、市场主体合作伙伴选择、收益和风险分担机制以及相关法律法规等，不断完善，用好该投融资模式。

要积极稳妥探索 ABS、REITs 等利用存量资产进行融资。利用存量基础设施进行融资是符合我国实际情况的新方向、新途径。近期，国家相关部门已经发布相关文件推动资产证券化（ABS）和不动产投资信托基金（REITs）等新型融资方式，如《关于推进基础设施领域不动产投资信托基金（REITs）试点相关工作的通知》等。我国交通基础设施存量资产很大，有相当比例的资产可经营、有收益，如高速铁路、高速公路、城市轨道交通等，适用于这些融资方式，且融资空间很大。如果利用得好，足以支撑未来较大规模的建设和维护养护，应积极探索推进。但利用存量基础设施资产通过 ABS、REITs 方式进行融资，需要较为完善的金融市场和完备的制度、法律构架等，交通基础设施在探索过程中，应针对自身行业特点，不断完善相关制度法规，避免像前几年推进 PPP 模式一样，在条件不太成熟时一哄而上，产生较多问题，留下后遗症。

要统筹中央预算资金支出，加大对城市交通的支持。当前，中央预算资金支出结构在交通运输领域分为铁路、公路、水运、航空以及燃油税、车购税支出，因考虑城市交通更多为地方城市事权，没有相应支出科目。但城市交通是关乎 60% 以上老百姓每天出行的民生，还是"蓝天保卫战"的重要组成，也是具有较强的全局性意义与价值，不仅仅是地方事务。同时，从燃油税、车购税的来源看，绝大部分来自城市小汽车的购买和使用，因此其使用范畴也应该部分用于城市交通，而不是当前这样仅用于公路建设维护。另外，欧美发达国家中央政府对城市轨道、地面公交等的建设和运营都有较大比例的支持。因此，不管是客观科学合理角度，还是学习借鉴国外经验，都应该对中央预算资金支出进行调整，将城市交通列为其中一项，加大支持。

第二节　运输通道与方式

一、加快推进中越（南宁—河内）陆路通道建设

（一）建设中越（南宁—河内）通道的重要意义

1. 中南半岛经济快速崛起，中国—东盟经贸发展潜力巨大

随着国际产业分工体系的不断调整，全球经济格局正在发生深刻变革，以越南为代表

的中南半岛和以印度为代表的南亚，正在成为继我国之后迅速崛起的新兴经济板块。

以越南为代表的中南半岛，未来经济持续快速增长的可能性较大。越南营商环境日益透明、简化，具有沿海的地理区位、廉价劳动力等方面的优势，加之近期以美国为代表的贸易保护主义抬头，一些劳动力密集型的低端制造业纷纷从我国转移到越南。

从中长期看，我国作为转型升级的经济体，与新兴经济体之间的联系互动将愈发频繁和密切，这就需要我国从战略层面积极谋划，畅通与东盟特别是越南的交通联系，更好支撑进一步深化区域合作、推动区域经济一体化。

2. 陆路通道在我国与东盟经贸合作中的地位日益重要

当前及未来，我国生产基地、消费市场逐步由东南沿海向内陆转移，东盟经济发展的重心也逐步向中南半岛集中。在这种背景下，我国内陆地区与东盟、中南半岛的经贸合作逐步上升。目前，东盟已经成为广西、重庆、贵州的第一大贸易伙伴，四川的第二大贸易伙伴。由于东盟产业链配套体系不完善，未来与我国的产业联系与合作将日益密切，同时我国也将为东盟国家的产品提供巨大市场空间，相互间的经贸合作必将不断增强。与原来我国东部沿海与东盟国家通过海运联系不同，我国内陆尤其西南地区到中南半岛，陆路运输通道距离短、速度快、成本低，是支撑双向经贸发展的交通首选。

3. 中越（南宁—河内）通道是最为便捷的陆路通道，也应该与西部陆海新通道有机衔接

广西南宁是我国距离东南亚特别是中南半岛各国最近的省会城市，距离越南首都河内陆路仅 300 余公里，是我国面向东盟的重要门户。依托广西沿边与越南接壤的特殊区位，沿边 1347 公里边境线分布着多个陆路边境口岸，其中东兴、凭祥、龙邦、爱店等口岸是我国与东盟国家开展水果、水产、矿石、中药材贸易和物流的主要陆路通道，凭祥已经成为全国最大陆路水果进出口口岸。南宁作为中国与东盟在政治、经济、教育、科技、旅游等领域交流合作的平台，中国—东盟博览会和中国—东盟商务与投资峰会已永久落户南宁，正式成为我国本土公司和跨国公司往来东亚、东南亚的枢纽。从经济地理区位看，全国各地，以南宁为枢纽，中越（南宁—河内）陆路通道是连通中南半岛成本最低、最快捷的大通道。

（二）加快推动中越（南宁—河内）陆路通道建设的建议

1. 国家层面加强沟通，增强互信，推动越南尽快建设高标准铁路、公路，共同构建快捷、大容量运输通道

当前问题的根源是越南政府的意愿，我国政府应继续致力于增进两国政治互信，阐明

陆路通道建设对双方经贸合作以及越南与欧洲的经贸合作的重要性，是双赢且越南方更有利。一方面，中越通道高标准联通，能够突破目前基础设施运输能力和效率的制约，有利于进一步推动双向经贸发展，为双方经济增长均带来新的市场机遇；另一方面，利用中欧班列，打通越中欧班列，为越南乃至中南半岛到欧洲提供一条更加方便快捷的陆上通道，将越南的电子产品、服装、水果等通过此通道运抵欧洲。目前，已有部分越南货物列车开始利用我国中欧班列运往欧洲，取得了良好的效益和效果。未来如果该通道得到提升和改善，将为越南参与到全球供应链和国际竞争提供更加便捷、有利的条件，我国与越南之间的贸易也因此受益。

2. 纳入陆海新通道范畴，先行建设国内段，并改善运输软环境，为中越通道的逐步贯通打好基础

第一，先行建设国内段基础设施，带动高标准国际陆路通道逐步贯通。目前，南宁—崇左高标准城际铁路已开工建设，国家应积极支持、适时推进崇左至凭祥段的建设。加快推进湘桂铁路南宁至凭祥段扩能改造、防城港—东兴铁路建设，同时积极争取与越南等东盟国家协调，研究推进凭祥至河内铁路、泛亚铁路中东线、东兴—下龙—海防—河内铁路等项目建设。

第二，通过运营组织创新等方式，缩短运输时间、提升服务水平。客运方面，待南凭城际铁路通车后，可在凭祥口岸实行接续换乘，以缩短总旅行时间。推动中越双方海关、检验检疫、边防等部门共同做好"一关两检"，缩短通关时间。货运方面，以南宁国际铁路港为中越跨境班列的集散节点，接续我国境内各地发往越南的班列或零散集装箱，支持常态化开行中越跨境集装箱班列，并逐步加大班列开行密度，力争尽快实现每日一班。推动班列进一步延伸到越南胡志明市以及中南半岛更多国家、城市。

第三，进一步支持南宁区域性国际综合交通枢纽建设。虽然国家对南宁发展定位很高，但从实际发展来看，特别是在"一带一路"、中国东盟自贸区建设等背景下，作为面向东盟门户的南宁，与未来国家打造西南地区经济增长极和战略支撑点的要求相比，南宁交通枢纽的集聚辐射效应较弱。作为西南地区的全国性综合交通枢纽，与成都、重庆、贵阳、昆明等枢纽相比，无论是完成的客货运输总量，还是服务辐射范围和水平，都存在一定差距。建议国家加大对南宁枢纽建设的支持力度，通过强化国际区域通道建设、推进枢纽功能整合和一体化衔接、优化客货枢纽布局、打造融合发展的枢纽经济等举措，更大力度支持南宁建设区域性国际综合交通枢纽，打造成为面向东盟的陆空门户枢纽和我国西南地区重要的全国性综合交通枢纽。

二、铁路运输提速对公路客货运输的影响

在综合运输体系中，不同运输方式有不同的比较优势，形成了各自在综合运输体系中的地位和分工。公路运输最主要的特点是机动灵活，反应迅速，可提供"门到门"的运输需求服务。但公路运输单车运输能力较小、运行消耗资源较大、运营经济性能较差，因而定位于短途运输，更多地用于铁路、水路运输的集散功能。铁路运输最显著的特点是载运质量大，运行成本低，能源消耗少，特别适合于大宗、中长距离的客货运输。但是这种定位和分工不是一成不变的，因为不同的运输方式在技术、经济等方面是在不断地发展变化，这种变化改变了各自的比较优势，从而影响着市场分工。

近几年来，铁路的建设速度相对比较慢，虽然这两年开始大力建设，但是基本上还没有什么新的重要线路投入运营，因此在运输能力方面有很大的限制，造成很多时候铁路购票难、要车难的局面。而近几年由于公路的建设发展比较迅速，公路运输市场市场化程度比较高，公路充裕的运输能力和灵活的运输组织在一定程度上弥补了铁路在这方面的不足，同时，高速公路与重型汽车的问世，在一定程度上改变了公路运输的技术经济特征，承担了一部分中长途的客货运输。

铁路运输实施了第六次大提速后，作为综合运输体系的重要组成部分，其货运重载、客运提速这两种技术经济特征的改变，不仅仅对其自身有重要的影响，而且对综合运输体系中的其他交通运输方式也有一定的影响，尤其是影响着各种运输方式在整个运输市场中的市场份额。铁路运输提速后，不仅仅节省在途时间，而且由于速度的提高等因素，运输的能力也有了一定的增加，根据铁道部有关的数据，铁路运输提速后客运能力提高了18%，货运能力提高了12%，但是铁路运输提速后是否能够吸引相关的客货运输需求，充分利用自己能力，使自己的能力达到饱和呢？这还需要从铁路运输的吸引力或者说竞争力来进行分析。

为了分析铁路运输提速后对客货运输的吸引力，尤其是对公路运输的影响，需要抛去能耗、对环境的影响等不利因素，仅仅从客货运输的目标进行分析，对比公路和铁路在吸引客货运输方面的优势。客货运输的目标可以概括为安全、快速、便捷、经济、舒适，下面将逐一分析。

从安全的角度讲，铁路运输相对公路运输来说，更为安全，但是铁路运输提速后，尤其是一些时速200公里以上的线路，公众对其安全性还持有一定的怀疑态度，是否真的像原来一样安全还需要时间的检验。在这一点上，铁路运输刚刚提速后没有像想象那样，那

么多人去乘坐，这也是其中的原因之一。

从快速的角度看，铁路运输提速，最大的优势是拥有了更快的速度，由原来的时速100公里多一点提升到200多公里，有了一个较大的提高。但是，不妨再仔细分析一下具体的运营时间，尤其是公路和铁路相互竞争的中短途的客货运输。根据铁道部的数据，第六次提速后主要城市间旅行时间总体压缩了20%~30%。但是对于中短途的城际交通，缩短的时间仅仅是十几分钟。

从便捷的角度看，主要分为乘坐时间的合适程度、到达火车站的方便程度、购买车票的便捷程度等。首先，铁路运输的提速并没有改变客货运输到达火车站的效率，因为车站的位置没有改变、客货进出站的手续没有简化等。相反，由于铁路运输的提速，许多小站不再停留，尤其是客运，这必然导致这些地方的客货不能便捷地上下火车，需要转乘到大城市大火车站乘坐火车，或者直接利用汽车进行"门到门"运输。同时，购买车票的方式也没有改变，在这一方面也没有更大的优势。另外，从乘坐时间上来看，火车提速后，很多车次在时间上并不是很合适，不像原有的"夕发朝至"等列车，方便商务等出行。但是由于速度的提高，原来有些在时间上不合适的旅客，现在可能合适了。所以从便捷的角度整体上看，铁路运输提速后没有更好的优势，起码在当前还没有，反而在某些方面为公路运输提供了更多的机会和市场份额。

从经济的角度看，铁路运输提速后虽然号称"提速不提价"，但是对于新增加的D字头车次，也就是时速200公里以上的动车组，票价是原来的两倍甚至更多，逐步接近飞机票打折后的价格，基本上都高于公路运输的价格。从舒适的角度看，新型列车在舒适度方面有了明显的改变，逐步向飞机靠近，但是对于公路、铁路争夺的中低档客户群体来说，对舒适度的敏感程度是否有那么高呢？相对于价格、便捷程度等，舒适度未必很重要。

从以上分析也可以看出，提速不是提高竞争力的唯一方式，也不一定是最重要的方式。如北京到上海，在1400公里左右，比如提速到时速300公里，到上海5个小时，旅客总出行时间可以和飞机竞争，但有些人愿意乘坐"夕发朝至"这种类似夜间旅馆的列车，不耽误时间；而在白天，飞机的航班很多，基本上能够随到随走，所以目前在该运输通道上，民航的客流量超过了铁路。同时，也应该看到，这次铁路的调整，也沿用了原来铁路竞争力的措施，如继续增加"夕发朝至"的客运车辆，增加货运的"五定"班列；并出现了一些新的提高铁路竞争力的措施，如城际铁路客运的公交化运营，如广深线，现在深圳至广州每天开行的城际列车将达91趟，其中，时速达200公里的"和谐号"CRH动车组65趟。第一趟为早上6点22分，最后一趟为凌晨1点，这样平均下来每小时5趟车，极大地方便了旅客，具有较强的竞争力。

基于以上几个方面分析，从宏观的角度进行进一步分析。总体来看，铁路实际客货运输不会有很大增长，很快达到新的运输能力，即使最乐观估计也不会因此增加10%。由于现在公路运输在整个客货运输中的份额很高，基数很大，公路运输的总份额也不会变化很大。因为公路、铁路的平均运距相差很大，所以比较周转量意义不大，而从运输量看，不管是客运量还是货运量，铁路对公路的影响都不大。但应该看到的是，铁路增加的这块份额应该更多的是中长途客货运输，也就是说，可能对公路的中长途运输有相对较大的影响，而对于中短途运输没有大的影响。

总之，铁路运输提速后，优势的市场范围在运行时间3～5个小时所能达到的距离，大约400～800公里的中长途运输，并且由于价格、舒适的因素，更多的是中高层次客户需求。对于公路、铁路相互争夺的中短途、中低档的运输市场，铁路运输的提速相对于原来没有更大的优势，不会占有更大的运输市场份额。至少是在近一段时间内，铁路没有在运输能力、运营方式和服务水平等方面有大的变化前，对公路现有的运输市场不会有大的冲击。

三、我国民航航线网络运营模式分析

（一）我国航线网络发展模式现状

在我国，较为成熟的中枢辐射航线网络仅在云南地区有所体现，其他地区基本上都是采用点到点式的航空网络。这种航线网络结构导致干线航空与支线航空网络基本脱节，大型枢纽机场与区域枢纽机场、区域枢纽机场与小型机场之间的航班衔接存在很大障碍，支线在很大程度上还是贴附在干线网络上的边缘体，没有成为整个航线网络的有机组成部分，没有形成干线与支线的"共生"关系，中、小型机场始发航班争抢大型枢纽资源，如内蒙古自治区共有九个支线机场，无一例外有通往北京的直达航线，北京成为内蒙古区域航线的枢纽机场，而呼和浩特作为自治区首府，中转的旅客实际很少，呼和浩特的区域性枢纽作用难以发挥。

（二）航线网络组织模式的决定因素

选择何种航线网络组织模式很大程度上取决于航线上的客流量。如果某一航线上的客流量达到某一临界点以上，那么这两点之间进行点对点的航空运营就更经济。如果点对点的航线多了，那么整个航线网络组织模式就是点对点的模式；如果两点之间的航空客流量达不到经济运量规模，那么就采取中枢辐射式的网络结构更经济、合理。其中经济运量又与飞机性能、两点之间的距离有关。因此整个网络结构主要与两点间的客流量、两点间的距离、飞机的性能等因素有关。

在民用航空发展的初期，两点之间的客流量相对较小，采用中枢辐射式的航空网络更合理；随着社会经济的发展，客流量不断增加，达到经济运量规模后，就逐步采用点对点直飞，整个航空网络就会逐步变为点对点的网络结构模式，世界发达国家和地区的航线网络模式也是按照这个规则在逐步发展演变的。

四、从我国支线民航的属性谈供给主体

我国民用航空运量已经排名世界第二，成为一个航空大国，但是结构性矛盾突出，支线航空发展明显滞后，这种结构性矛盾已经影响了整个民航业的健康发展，影响着我国由民航大国向民航强国的迈进。在促进支线民用航空发展的过程中，涉及各级政府、航空公司、机场等主体的角色和应该发挥的作用，通过何种机制来实现等一系列问题。这其中的基点为支线民用航空的属性，它在很大程度上决定着政府角色和应该做的工作，决定着应该采取何种机制和体制等。

（一）支线航空的属性

支线航空包括以支线机场为代表的基础设施和支线航空运营服务两大部分。对于支线航空的属性定位，根据不同的分类原则和标准，主要是判定两方面的问题：①支线航空是公共产品还是私人产品的问题；②支线航空是公益性还是收益性问题。

1. 支线航空是公共产品还是私人产品的问题

在公共经济学中，依据物品的竞争性和排他性及其程度，可分为公共产品和私人产品，公共产品又可分为纯公共产品与准公共产品，准公共产品又有公共资源和俱乐部产品两种。

从公共产品和私人产品的特点及判断标准来说，支线机场等基础设施属于准公共产品中的俱乐部产品。俱乐部产品是可以排除其他人消费的一种拥挤性质的公共产品，即消费成员在没有超过一定数量前，具有非竞争性，但是超过一定数量就会发生拥挤现象，破坏非竞争性特征；同时，俱乐部产品可以轻易地做到排他。对机场来说，航班是其消费者，从竞争性来看，每增加一个航班不会增加新的成本，边际生产成本为零，但是当航班数量

达到一定程度时，机场会出现拥挤现象。同时，机场很容易做到排他，如果飞机不交起降费等费用，机场即可不允许其降落使用等。

按照同样的判定标准，支线航空运营服务属于私人产品。因为从竞争性上来看，每增加一个乘客运输，必然会带来运输成本的增加，边际生产成本是随着乘客的增加而增加。从排他性上来说，也很容易做到排他，如果不购买机票，就不允许登机；另外，如果一个乘客购买了该航空运输服务后，其他人就不能再获得该服务，因此具有排他性。由于同时具有竞争性和排他性，因此，航空运输服务属于私人产品。

2. 支线航空是公益性还是收益性的问题

（1）机场运营、航空运营服务自身的亏损性和盈利性问题

不管是机场基础设施还是航空服务，虽然在属性上不同，但由于都具有排他性，所以具有可运营性。产品的生产运营自身的亏损性和盈利性与公共产品、私人产品的性质没有直接的、必然的联系，并不是说公共产品必然是亏损的、私人产品必然是盈利的。

对于航空领域来说，不管是机场运营还是航空运营服务，市场自身的盈利性与市场需求规模有直接关系，在市场需求达到某一规模以前，该服务是亏损的，超过这个规模以后，该服务是盈利的。

对于我国的机场来说，东部机场，尤其是一些大中型枢纽机场，由于旅客吞吐量比较大，航班多，本身具有盈利性，而一些小的支线机场，尤其是中西部的支线机场，旅客吞吐量比较小，航班少，本身是亏损的。对于航线也具有同样的特点，一些客流量大的干线航线，其运营具有盈利性；而客流量小的支线航线，运营具有亏损性。

（2）支线航空的公益性问题

对于公益，有很多版本的解释，学界及实务界通常认为公共利益就是受益者尽量广，对受益者生活直接有益的利益；同时，公益事业还具有运营上的亏损性。可以根据公益事业的这两大特点来判定支线航空服务是否具有公益性。

衣、食、住、行是人们生活的基本要素，因此出行是对人们生活直接有益的活动。在人们出行的这个问题上，从社会公平的角度看，不同地区的人们应该具有相同的出行权利，即消费者在付出相同的成本情况下，应该能够获得相同服务质量的出行服务。在我国东部地区，高速公路、铁路网和机场比较密集，人们能够比较方便地获得较高质量的交通运输出行服务。而中西部地区，各种运输方式都相对比较落后，没有获得相应的出行服务，因此应该改善该地区的出行条件，使受益者更广泛。在这些地区地广人稀，航空是最经济、合适的交通方式。如果确定我国人们应该具有某一标准的出行服务标准，东部大部

分地区已经通过公路、铁路等方式实现，而中西部地区许多地方需要支线航空来实现，因此从提高普遍出行服务的角度看，东部地区支线航空政府支持的必要性很小或者没有，而中西部地区具有较强的必要性。同时，又由于这些地区航空客流量比较小，航空运营本身具有亏损性，因此在这些地区发展支线航空运输服务具有公益性。

支线航空的功能很多，主要有促进当地经济的发展和提供普遍出行服务两大功能，另外还有抗震救灾、国防等。对于某一确定的支线航空服务，功能往往是复合性的，应该具体情况具体分析，可以按照实际需求中服务对象的比例确定主要功能，并以此进行划分。目前从全国宏观情况看，东部地区和旅游发达地区的支线航空主要是为促进当地经济服务，因此在性质定位上主要是经营性为主；而中西部地区，由于陆路交通不是很方便，航空运输方式是最经济合理的，主要功能是提高普遍出行服务，同时还有其他公益性的功能，因此在性质定位上应该是公益性或者准公益性。

（二）从属性看供给主体及供给方式

私人产品完全可以由私人部门进行生产供给，但是由于公共产品的特性，公共产品的供给成为政府不可推卸的责任。因此从这个角度看，政府有义务对支线机场进行建设和管理，而没有义务对航空运营承担所有的责任。在供给方式方面，根据公共经济学原理，政府供给公共产品的形式一方面可以是政府建立企业对公共产品进行直接生产，包括中央政府直接经营、地方政府直接经营、地方公共团体经营；另一方面，政府可以通过预算安排或政策安排以某种形式委托给私人部门进行生产。目前我国机场建设运营方式包含两种形式，即机场作为地方政府的一个事业单位、国有机场集团公司以及航空公司委托经营等。根据国内外经验，在条件成熟的情况下，采用委托经营的运作方式将更有效。对于支线机场，可以市场化运营，形式也多种多样，可以采取中央政府或地方政府或共同进行资金补贴，提出运营条件，采取招标方式，寻求机场运营商。

无论在哪个国家，在公益事业的供给方面都是多角度、多层面的，公益事业是政府、市场力量和公民社会组织共同合力推进的一项事业。政府机构、市场组织、公民社会组织及公民个人都在提供公益服务，大量的企业也直接从事公益事业。但是，公益性服务的实现主要依靠政府，同时，非营利组织的"公益性"是不同于政府组织的"公益性"，因为非营利组织提供的"公益性"是作为一个民间机构来提供的，它不是一个义务，非营利组织只是把"公益性"作为自己的使命，这种服务对于机构和个人来说是自愿的，非强制性的。而政府的"公益性"行为是来自每一个公民认同其对自身的管理，作为一个强大的官方机构，必须做出的为每一个公民的有责任的行为。因此，对于中西部地区的支线航空运营，在没有其他组织和个人自愿去做的情况下，政府有责任去管理和运营，以保障该地区人们的公平出行权利。对于具体的供给方式，可以借鉴政府对公共产品的供给方式。当前主要是根据有关政策措施，对某些确定的支线航线进行补贴，也可以采取另外一些市场化形式，如政府出钱购买服务的方式，即政府确定某一航线的班次频率和其他服务标准，采取招标的方式寻求航空公司，要求补贴最少的航空公司获得该航线的运营权。

第四章 交通运输市场

第一节 交通运输枢纽

一、城市型综合运输枢纽的内涵及规划理念

（一）研究背景、目的、意义

构建一体化、协调发展、整体最优的综合运输体系，是我国交通运输未来的发展方向和目标。其中协调主要是强调各种运输方式在运输通道中发挥各自的比较优势，实现技术和经济的互补性；一体化是强调交通运输网络的衔接，以达到客运的"零换乘"和货运的"无缝衔接"，这正是运输枢纽的功能所在。由此可见，综合运输枢纽是综合运输体系的重要组成部分，其衔接优化是实现综合运输体系整体最优的关键所在。

综合运输枢纽在整个交通运输体系中具有如此重要的作用，许多学者和研究人员对其含义、内容等进行了大量的研究。

综合运输枢纽城市这个概念在实践中也有应用。原来交通部规划的45个公路主枢纽也是指的公路主枢纽城市。最近，一些综合运输规划都确定了相应的综合运输枢纽，这些综合运输枢纽指的是枢纽城市，与具体的铁路枢纽、公路枢纽具有较大的差别。

从理论研究和实践中都可以看出，随着综合运输的发展，交通运输枢纽，尤其是综合运输枢纽的含义也有了新的发展，不再仅仅指具体的枢纽场站，更多的是指一个枢纽城市。这种新发展使得不管是理论上还是在实践中都需要进行进一步的研究。在理论上，一个城市作为综合运输枢纽的相关理论体系没有完全建立，包括其含义和内容范畴等方面，在实践中，对所确定的综合运输枢纽城市进行进一步规划时，没有相应的理论支撑，不同的研究单位和个人对其具体所包含的内容比较含糊，相互之间没有统一的认识，在规划内容和应用的理论方法等方面都差别很大。因此，这方面亟待在前人研究的基础上，进一步

完善补充。一方面是在理论上进一步完善综合运输枢纽理论体系，尤其是综合运输枢纽的内涵和内容范畴；另一方面是在理论完善的基础上，力求理论指导实践，能够对综合运输枢纽城市的规划实践有所指导，尤其是在规范综合运输枢纽规划内容体系方面。

(二) 城市型综合运输枢纽的内涵

综合运输枢纽城市是指由于地理、交通区位等因素，位于综合运输网的重要交会点，有广大的吸引和辐射范围，对区域内交通运输的衔接顺畅和高效运行具有全局性和重要影响的城市，是从交通运输的角度定位一个城市在综合运输体系中的地位和作用。综合运输枢纽城市中有许多要素共同作用，形成一个系统，发挥着运输枢纽的功能，城市中这些所有构成要素形成的系统可以称为城市型综合运输枢纽。

城市型综合运输枢纽可以说是在传统意义上具体枢纽场站基础上的继承和发展。所谓的继承主要体现在城市型综合运输枢纽在本质上仍然是一个运输枢纽，在功能方面基本没有什么本质的变化，主要是在综合运输体系中起客货运输的集散、中转、换乘、换装和过境等功能。所谓的发展是指由原来的一个点，即一个具体枢纽场站，扩展到一个面，即一个城市，该城市内所有与实现运输枢纽功能有关的组成要素的统称，变成一个抽象的概念。

城市型综合运输枢纽从具体的基础设施上升为宏观的、抽象的概念的这种发展变化，使得其在内容范畴方面也有了较大的拓展，不能简单地理解为综合运输枢纽的一种类型。

首先，在运输枢纽服务范围方面，城市内部不但成为其集散的范围，而且是最重要的组成部分。这样，城市型综合运输枢纽的集散包括对城市内部客货的集散和城市以外区域内的客货集散两部分。但一个城市的交通运输体系非常庞大和复杂，城市型综合运输枢纽不包括城市内所有交通运输系统。从城市型综合运输枢纽的功能就可以看出，城市内部的交通不是综合运输枢纽的范畴，只有与中转、集散、过境等有关的交通运输才是城市型综合运输枢纽的内容范畴。

其次，这个面的内部有自己的交通运输，即城市交通，这使得运输枢纽衔接协调的内容不仅仅局限于大交通运输内部的衔接协调，而且增加了新的内容：大交通与城市交通的协调衔接。另外，由于城市交通自身越来越复杂，拥堵越来越严重，这在引起大家对城市型综合运输枢纽的重视的同时，也对城市型综合运输枢纽在发挥其功能时提出了新要求：有利于城市交通组织，尽量减少对城市交通的影响，缓解城市交通压力。具体来说，大交通运输内部的衔接，由于所涉及的客货运输的起点和终点都不在城市内部，与城市交通无关，在交通运输组织时，处理的原则主要是与城市交通剥离，尽量减少对城市交通的影响；大交通运输与城市交通之间的衔接，在处理的原则上主要是衔接通畅。

因此城市型综合运输枢纽需要解决的问题是在该城市范围内，使各种运输方式及城市交通在物理和逻辑上进行良好协调和无缝衔接，在尽量减少对城市交通影响的前提下，使客货集散、中转、过境等流畅，提高综合运输网络的运输效率和运输能力。

（三）综合运输枢纽城市涉及的交通运输组织形式

要分析和找到解决这些问题的方法，就必须对交通运输的组织形式进行分析。不管是大交通与城市交通的衔接还是大交通内部的衔接，在组织形式方面都有两种：通过交通网络直接运输和利用交通运输场站进行中转（换乘或换装）。对不同类型的交通运输衔接，同一种组织形式其含义和内容不同。

1. 直接运输组织形式

对于大交通与城市交通的衔接，直接运输的组织形式是指利用运输工具直接从城市外运送到城市内终点或者从城市内起点直接运送到城市外。如高速公路直接跟城市道路相连接，汽车直接进入城市，没有交通运输方式的改变。由于运输方式的限制，主要是公路汽车运输，如货车在城市外和城市内"门到门"地运输、私人小汽车在市区与城外之间的交通出行，利用的交通基础设施主要是城市道路和对外运输公路，衔接点在城市道路与外部公路衔接的交会处，如路口、立交等。

关于大交通内部的衔接，直接运输的组织形式是指运输工具在运输过程中经过本城市而不进行停留。利用的基础设施往往是绕城环路、过境公路、过境铁路（已经出现，如武汉）等。

关于直接运输，不管哪种类型的交通运输衔接，客运与货运往往是利用同一交通运输基础设施，没有区分和分离，即一般不会分客运对外运输通道、货运对外运输通道和客运过境公路、货运过境公路等。

2. 场站中转组织形式

利用场站如机场、火车站、汽车站、港口、货运中心或者物流中心等，中转往往有换乘、换装行为的发生，一般需要改变交通运输方式，也有的不改变运输方式，但要改变运输工具。

关于两种不同的交通运输衔接，在场站中转组织形式中，相同点在于都有一段运输是场站与区域外的运输，不同点在于大交通与城市交通运输衔接的另外一段运输更多地在市区内，属于城市交通运输。而大交通内部衔接的另外一段运输更多地属于区域交通运输。由于其共同点，这两种不同的交通运输衔接往往利用相同的交通运输场站。

（四）城市型综合运输枢纽的构成要素

从城市型综合运输枢纽的内涵和涉及的交通运输组织形式可以看出，城市型综合运输枢纽既不是原来所说的多种运输场站、运输设备构成的综合体，也不是指整个城市内所有交通运输构成要素的组合，而是指与发挥综合运输枢纽客流和货流中转、换乘、换装与集散等功能相关的基础设施设备、信息系统、组织管理机构等要素组成的系统。

城市型综合运输枢纽功能的实现需要以基础设施的一体化为基础，以信息的一体化为支撑，以协调的运输管理政策为保障，以统一的管理体制或良好的协调机制为前提，涉及交通运输基础设施、信息和管理体制三方面。信息之间的衔接可以通过建立统一的交通信息平台等手段来实现；管理体制，可以通过成立大交通运输管理委员会等措施进行统一协调和管理；最复杂的是交通基础设施的有效衔接。

（五）城市型综合运输枢纽基础设施规划要求和理念

城市型综合运输枢纽的要求（也可以说是追求的目标）是各种运输相互衔接流畅、一体化，并且尽可能小地影响城市交通。由于同种组织形式下不同类型的交通运输衔接也具有不同的含义，所以需要对不同类型的交通运输衔接及其不同类型的组织形式分别阐述具体要求和相应的规划设计理念。

1. 直接运输组织形式

大交通与城市交通衔接的直接运输组织形式，即汽车利用公路和城市道路直接进行"门到门"服务和私人小汽车对外出行，因为主要涉及公路和城市道路及相互衔接，要想达到运输衔接流畅并对城市交通影响小的目标，首先要求对外公路与城市道路有良好的物理连接，即通过路口或立交。这一点往往比较容易达到，但是需要注意的是，与对外公路衔接的城市道路应该是城市的主干道，而不是支路等，并且应该不仅仅是一条城市道路。因为要想保持良好的交通流，仅仅物理上的连接是不够的，更重要的是在通行能力上的匹配。只有与对外公路衔接的所有城市道路的通行能力之和与对外公路的通行能力相匹配，在相互衔接处才不会产生交通拥堵的情况，交通流才会比较流畅。需要注意的是，城市道路的通行能力是有效通行能力，因为城市道路本身要承担城市内部的交通，并不是所有通行能力都来承担对外集散运输的交通，所以有效通行能力指总通行能力减去所要承担的城市内部交通流量的剩余能力。因为不管城市交通还是对外干线交通都有时间上的不均匀性，如城市交通的早晚高峰的特点等，因此还要考虑时间的不均匀性，只有这样才能使衔接真正流畅。

大交通运输内部衔接的直接运输组织形式，因为不在本市停留，所以往往把这部分交通运输剥离出来，利用过境公路、过境铁路、绕城高速公路等形式达到分离的目的，进而不影响或少影响城市交通。这里存在两方面的问题，一方面是采取什么样的形式进行交通组织，另一方面是如何引导交通达到预期目的。对于前一个问题，过境交通目前在中小城市往往利用城市道路过境，随着城市发展和扩大就必须修建干线公路的过境线，大部分城市都在考虑修建环城线过境。修建城市环城线既有优点也存在着不足，优点是能减轻城市中心的交通压力，有利于沿线土地开发，同时由于环线与城市接触带长，有利于互通的设置，给城市出入境带来方便。不足之处是容易吸引当地绕行交通，给过境交通带来不便，若是采用高速公路过境，全封闭环线对城市发展有一定的影响。因此，对过境公路的路线方案应进行综合分析，既要因地制宜，远近结合，又要兼顾过境与出入境交通，通过比较来确定路线方案。确定交通组织形式后，接下来的问题就是如何引导交通，达到预期目的。独立的过境线路往往在距离上较长或者线路条件差，交通运输运营主体（驾驶员）不愿意选择这些线路，所以需要在线路条件方面进行改善或者通过交通管制、经济等手段引导交通运输运营主体选择这些线路。

2. 场站中转组织形式

关于场站中转的组织形式，两种交通运输衔接的共同点使得共同使用同一个交通运输场站。但也正是因为共同使用同一交通运输场站，两种交通运输衔接的不同性质导致了其要求上的双重性：与城市本身有关的交通运输要求场站与城市交通密切衔接；与城市本身无关的交通运输要求以不同运输方式为主的场站之间，如火车站与汽车站之间，进行有效衔接，并且使它们之间的交通运输尽量少影响城市交通。

（1）客运场站、货运场站的差异点。由于客运场站和货运场站往往是分开的，客运与货运在运营组织上也有较大差别，在衔接方面的要求也不一样，现分别进行描述。

①客运场站

在与城市交通衔接方面，不管是机场，还是火车客运站，抑或公路长途客运站，都要求与城市公交具有良好的衔接，最好是立体换乘，实现真正的"零距离换乘"。另外，衔接时还要注意两方面问题，一是注意能力匹配，如火车站所衔接的干线铁路与城市轨道、公交能力匹配，因为相对货物运输来说，旅客具有很强的时效性，城市公交具有良好的疏散能力，能够很快地疏散到发旅客，避免滞留在站内；二是注意衔接方式的经济性，尤其机场与市区的衔接，不能依靠高速公路为主要衔接方式或以小汽车作为主要集散方式，而应该主要依靠更为经济、准时的公共交通（最好是快速公交、轨道交通等）。

大交通运输的内部衔接往往涉及各场站之间的衔接，不管是同种场站还是不同场站之间（多个长途客运站之间、多个火车客运站之间等），还是不同种场站之间（火车客运站、机场、汽车长途客运站之间）都需要有效的衔接。因为同种场站的多个场站设置时，往往按照不同的集散区域或对外运输方向进行划分，对于中转的旅客来说往往要改变方向，所以需要从一个场站下车到另外一个场站上车进行换乘。不同类型场站之间的换乘是因为出行距离较远时，乘客通过发挥不同交通运输方式的比较优势，取得整体出行最优，在此城市进行必要的交通运输方式换乘，这种换乘在城市型综合运输枢纽中比前者更为普遍。为了更好地对这些换乘进行组织，最有效的方式是把各场站集合在一起，形成一个综合交通换乘枢纽。但是往往由于各种条件的限制，不可能在物理上集合在一起，因此进行有效的交通运输组织衔接成为必要。因为这些换乘交通出行的目的是在各个客运场站之间，而非在城市内部交通出行，所以原则应该是提供明确、快速、经济的换乘方式。一种方式是利用城市地面公交或者轨道交通，另外一种方式是在各场站之间建立专门的免费换乘公交，这种公交按一定的频率穿梭往来于各场站之间，也仅在各场站停靠，这样对换乘者来说，既明确，又快速且经济。

②货运场站

在与城市交通衔接方面，不管是机场、码头，还是火车货运站、汽车货运站（物流中心、配送中心等），衔接的组织形式都是汽车运输，所以只要保证这些场站与城市道路有良好的衔接即可。

相对于客运来说，各个货运场站之间的衔接也比较简单，因为总体来说，货物很少从一个场站运送到另外一个场站，所以相互衔接的必要性不高。机场由于其运输的都是批量小、价值高、时效性强的货物，很少与其他运输方式场站之间进行联系。由于水运的货物数量比较大，时间要求不高等，需要火车和汽车集疏运，但不是把码头的货物运输到火车站或汽车货运站，只需要连通公路和铁路即可。火车货运站也是一样，往往是汽车把货物直接从火车站运送到目的地或者从目的地运送到火车站。

（2）客运场站、货运场站的共同点。客货场站虽然有各自的特点，但在与城市交通关系方面也有共同点，最主要的就是交通运输具体场站的布局对于对外交通运输和城市交通的衔接与影响也有重要的作用，这主要包括以下两个方面：

①集中布局还是分散布局的问题

集中布局与分散布局各有特点。集中布局可以有效地缩短各种交通方式站点间的距离和乘客换乘时间，如果交通设施利用立体的竖向空间分别设置，可以为城市中心地区节约宝贵的土地资源提供条件。但是交通枢纽集中布局也有明显的缺点，往往工程难度大，造价高昂，更重要的是常常使各个方向通往交通枢纽的人流和地面机动车交通汇集于十分狭小的区域内，如果客货流量较大时会使得交通积聚性太强，造成平均集散距离过长，并且局部交通组织困难，为避免堵塞，进行有效的交通组织，常常出现大大小小的各种高架匝道和地下隧道，对城市特别是城市中心区的景观有很大的影响。当客货流量达到一定程度后，这种组织形式是一种不可行的做法。而分散布局恰恰相反，可以分散积聚度，不至于以场站为中心的交通积聚性太强，对城市交通影响较小，但是由于分散在不同地方，一部分换乘、换装需要在不同场站间进行，换乘距离长，增加了一部分交通出行。

当选择分散布局而设置两个或两个以上的场站时，货运站可以按照不同的线路方向分工，客运站的分工可根据具体情况采取如下方案：按衔接线路分别办理始发、终到旅客列车；按办理始发、终到和通过旅客列车分工；按办理快、慢车分工；按办理长途、市郊旅客列车分工。

②位置问题：市区还是市郊

不管客运场站还是货运场站，其位置主要由集散的重心来决定，重心不同，两者的位置也不同。对于客运场站，除了机场由于噪声、空域、起降条件等因素必须远离市区以外，火车客运站和汽车长途客运站综合各种因素，应该建在市区内更为合适。其原因在于城市客运场站主要的客流目的地是到该城市，进行中转或目的地为市区外的客流相对占少数，而到该城市的目的主要以公务、商务和旅游为主。城市的办公区和商务区一般都是在城市的核心区，因此总体上说客运枢纽的客流目的地以市区为主，如果把客运场站集散的目的地求几何重心的话，一定是靠近市区的，而此重心恰恰是客运场站的最佳位置。从实际运营的角度看，不管是火车还是长途汽车，都属于公共交通，到客运场站后客流进行分散，产生更多的交通流，集散的距离决定着产生的交通周转量，也就是对城市路网的交通容量需求。只有枢纽位于集散的几何重心，产生的交通周转量最小，对路网的交通容量需求最小。同样的道理，货运场站也是货运目的地的几何重心，但是由于大城市产生大货运量的工业一般在城市市区的外围，因此货运场站位于市区外围更合适。

二、综合运输枢纽（城市）规划研究内容及分析方法

运输枢纽是综合运输体系的重要组成部分，是运输效率、服务水平高低的关键。近些

年，我国交通运输建设发展"重线路、轻节点"，运输枢纽成为综合运输体系的薄弱环节。运输枢纽的重要性及发展滞后的状况已经引起政府的重视，提出综合运输体系发展将由以通道建设为主向通道与枢纽并重转变。

运输枢纽有宏观层面上运输枢纽城市和实体运输枢纽站场之分，实体运输枢纽站场是宏观运输枢纽城市最重要的构成要素。把一个城市作为综合运输枢纽进行整体规划研究，不但可以发挥其枢纽的功能作用，而且可以统筹协调各构成要素，加强城市内外交通的衔接，促进城市的协调发展。当前，许多枢纽城市已经开始或迫切需要这种规划研究。以往运输枢纽方面的研究多针对单个枢纽站场或某一种运输方式枢纽，对综合运输枢纽城市进行系统整体规划和研究较少，目前处于探索起步阶段，应首先对规划内容和分析方法进行研究。

综合运输枢纽（城市）规划主要围绕枢纽城市在综合交通网中的功能定位、枢纽城市对外运输通道的构建，以及枢纽城市内以站场为主体的运输枢纽体系三大方面。同时还包括如何落实规划，把规划逐步变为现实的策略与条件，即推进策略与近期建设重点、措施保障与政策建议两块内容。

（一）枢纽城市的功能定位

运输枢纽城市是指具有良好的地理、交通区位等条件，是综合交通网中的重要节点，有广大的吸引和辐射范围，对区域内交通运输的衔接顺畅和高效运行具有全局性和重要影响的城市，是从交通运输的角度定位城市在综合运输体系中的地位和作用。

枢纽城市的层次和类别划分有多种，各枢纽城市应根据自身特点确定功能定位。《综合交通网中长期发展规划》将枢纽城市划分为全国性、区域性、地区性三个层次，并确定了全国性综合交通枢纽城市。这虽是一种地位级别划分的方法，也在一定程度上明确了部分枢纽城市的定位，但对具体枢纽城市的功能定位还需具体分析。枢纽城市根据主导运输方式的不同，可以分为以港口水运为主、以铁路枢纽为主、以铁路和机场为主等；根据主要运输对象的不同，可以分为以客运为主、以货运为主和客货兼顾；根据所处的地理区位不同，有沿海陆水联运枢纽、国内陆路中转枢纽、边境对外门户枢纽等之分。

枢纽城市功能定位的论述主要依据城市的地理交通区位、城市规模及周边区域的经济基础、枢纽城市对外交通条件等。地理区位和城市规模是枢纽城市的内在决定因素，决定着交通运输网络是否以其为中心和节点，对外交通条件是外在前提，影响着枢纽辐射范围的广度与深度，共同决定着运输量的大小和枢纽规模。

地理区位决定了枢纽在区域运输中集聚、中转内在的经济性和过境运输的可能性与必然性。地理区位条件主要是指该城市在区域中的位置，是在沿海、内陆，还是边境地区。有的城市处于边境地区，从更大的国际区域角度看，该城市又是该国际区域的中心，如昆明。有的处于大陆的末端或边角，从全球角度看是全球的重要枢纽中心，如纽约、香港、新加坡等。地理区位分析还需要充分考虑经济发展分布和交通网络情况。

枢纽城市的规模及其在区域中的集聚辐射度决定了以该城市为起止点的客货运输流吸引、产生量，这些客货运输同时为集散、中转运输的经济性提供了基础条件。城市（或地区）的人口规模、经济规模以及经贸发展水平、对外开放程度都是影响客货运输流量的极其重要的因素。枢纽城市应有较大经济规模，产业体系相对比较完善，是区域经贸往来中心，具有较强集聚辐射能力和引领作用。确定枢纽城市的功能定位要分析其经贸、商贸市场以及文化交流情况，分析其经济上的实力和发展潜力，在区域经济发展中的影响力和领导地位。

对外交通运输发展水平直接关系到一个城市或地区的获取发展所需资源、要素的能力，同时也成为是否能成为枢纽城市的必要条件。作为外在条件，在分析枢纽城市功能定位时，主要依据对外交通运输发展状况。

枢纽城市的功能定位分析需横向考虑与周边城市的协调、配合。一个区域中，存在不同层级的枢纽城市，既要考虑分析不同层级间的相互配合，也要分析同一层级间的分工协调。枢纽城市的重要性既要看城市自身规模的绝对大小，还要看与周边城市的相对大小及其聚集度，如昆明市的经济规模在全国城市排位中比较靠后，但由于其周边区域中没有更大的城市，其聚集度很高，无可争议地作为区域枢纽城市。

枢纽城市的功能定位分析需以历史发展的眼光，既要依据目前的发展现状，又要着眼未来。枢纽城市的地理区位、经济基础、对外交通条件都会发生变化。原来是边境末端的城市，区域对外开放等发展外部环境的变化可以使其地理经济区位发生根本变化，由区域末端变成对外开放的前沿和区域经济合作发展的中心。枢纽城市及其周边地区城市的经济发展速度不同，影响着城市绝对规模和相对大小，进而影响着枢纽城市的地位。区域交通路网的变化也直接影响着枢纽城市地位的改变。

由于对外交通条件的改变相对容易，应更多地根据地理区位条件和城市在区域经济中的地位，确定该枢纽城市应该承担或可能承担的功能定位，作为枢纽城市未来发展的目标。

（二）对外交通运输通道网络

运输枢纽与运输通道相对应，两者相互依存、相互促进发展。通道的功能在于为载运工具的运行提供大能力的通行条件，客货运输必须依托枢纽进行组织和提供相应的服务才能实现。枢纽依托通道而产生和加强，通道的通达程度是枢纽服务范围和辐射半径的主要体现，枢纽的地位和功能很大程度由所连接的通道决定。因此，枢纽城市的规划和打造需要构建完善的对外运输通道网络。

运输通道是区域综合运输体系规划的重点，其中对通道的走向、能力、方式构成等都进行详尽的规划描述，但其着眼点是站在区域的角度，为了加强城市、区域间客货运输的互联互通，而非从打造枢纽城市的角度，实现枢纽城市的功能定位。两者有较强的共性，但又有一定的区别，对于运输枢纽（城市）规划，应在区域综合运输体系规划的基础上，根据需要对通道规划进行补充完善。

作为实现枢纽功能定位的外部前提条件，应根据确定的枢纽城市功能定位，结合目前发展现状与问题，构建打造与枢纽城市功能定位相适应的对外交通运输通道网络，其线路等级和能力与枢纽城市的规模和承担的客货运输作业量相匹配。

对外运输通道既包括交通基础设施网络，又包括运输运营网络。枢纽主要服务范围和辐射半径既取决于交通基础设施网络的通达程度，也取决于运输运营网络的覆盖范围。运输网络是进行运输经营与服务提供的生产要素，它决定着枢纽的服务辐射范围和与相关连接点之间的通达度、便捷度。因此，枢纽通道网络规划既要构建交通基础设施网络，又要依托该通道构造运输网络，并进行运输组织模式设计。对于国际枢纽通道网络还需进行口岸和便利通关等方面问题的研究。

（三）城市内运输枢纽体系

运输枢纽（城市）在综合运输体系中承担客货运输集散、中转、换乘、换装以及过境等功能，该功能的发挥依靠城市中相关交通基础设施及其设备、信息系统等要素构成运输枢纽体系。基础设施具体包括各种运输枢纽场站及其集散线路、运输枢纽场站之间的联络线、城市道路与对外公路的衔接以及过境线路等，其中运输枢纽站场是主体，是枢纽功能的主要承担者。综合运输枢纽城市主要发挥城市交通和对外交通运输的衔接以及外部交通运输在城市内中转换乘，运输枢纽站场主要指机场、火车站、长途汽车站、港口等，不包括城市内客运出行形成的中转换乘枢纽站场，即市内交通枢纽站场，如轨道交通换乘枢纽站、地面公交换乘枢纽站等。

城市内运输枢纽体系规划应主要处理与城市发展和产业布局的协调、减少对城市交通的影响、便于客货集散、提高旅客中转换乘的方便和快捷，以及城市土地资源的集约利用等问题。根据运输枢纽体系的构成要素，规划内容包括以下几方面。

1. 枢纽站场布局调整

枢纽站场的布局应在与城市发展及产业布局相适应的前提下，尽量便于旅客和货物到达站场，缩短枢纽站场与客货源点之间的运输时间。在确定枢纽站场的具体位置时，还需考虑其他一些实际因素，如周边道路交通条件、土地的可获得性、与周边环境的协调性等。另外，枢纽站场尤其是大型客运枢纽站场对周边地区具有很强的催生效应，在目前我国城市化进程快速发展阶段，一些城市为了拓展城市发展空间，调整城市布局，利用枢纽的集聚效应，把枢纽站场布局在建成区以外或者更远地区，促进形成城市副中心。

2. 枢纽站场的规模与集中度、综合性

枢纽站场的规模主要由未来客货吞吐量、中转量确定。客运枢纽站的集中和综合可以减少旅客换乘次数和换乘时间，大大提高便捷性，同时还可以节约城市中宝贵的土地资源。铁路、民航主要承担中长途客运，公路客运是中短途，部分是为中长途进行旅客集散。为方便旅客中转换乘，应重视公路长途客运站与铁路客运站、机场的一体化。随着客运专线、城际铁路的建成运营，铁路客运站与机场的综合一体化也逐步显示出必要性。枢纽站场过度集中也会带来规模过大、集散距离过长，大量集散客流、车流汇集于枢纽站场周边相对狭小的区域内，局部交通组织困难等问题，因此也不应该过于追求枢纽站场的规模和集中，大城市规划建立几个客运枢纽站场是合理的。

3. 枢纽站场的功能分工

城市内规划布局两个或两个以上的客货运输枢纽站场时，对其进行功能分工非常必要。货运站场可以依据所服务的区域范围和业务类型，结合对外运输线路的方向进行分工。客运站场可根据具体情况采取如下方法进行功能分工：按衔接线路方向进行分工；按办理快、慢车分工；按办理中长距离、城际和市郊旅客列车分工。即使综合性客运枢纽，如上海虹桥客运枢纽，其铁路功能、航空功能也应在全市铁路运输、民航运输中有一定功能分工。

4. 枢纽站场的集疏运网络

枢纽站场集疏运网络规划应该对其周边区域交通现状及未来发展全面了解的基础上，结合城市轨道交通、城市道路等建设，合理构建。其核心理念应为干线运输与集疏运能力匹配，能够实现快速集散，并尽量减少城市交通压力。具体应依据三方面原则：首先，客运枢纽应建立以公共交通为主导、出租车和社会车辆为辅的多种客流集散方式，大型综合客运枢纽应以城市轨道交通为骨干；其次，大型国际机场既要有轨道交通与城市轨道网相衔接，又要有高速铁路经过或与主要铁路客运站建立直接、快速的客运通道；最后，加大铁路运输在港口货物集散中的比重，并采取建立货运专用通道等措施，尽可能减少公路集散运输对城市的影响。

5. 枢纽站场间运输联系通道

大型客运枢纽站场之间都有较大规模的旅客进行中转换乘，有必要建立有效的衔接。这些中转换乘交通限于客运站场之间，目的明确、相对集中，与城市内部交通出行有较大不同，应为其提供快速、经济、直达的中转换乘方式。一种方式是与城市地面公交或轨道交通相结合，有运营线路为枢纽站场间建立快速、直通的联系，同时服务城市居民日常出行；另一种方式是在各站场之间建立专门、独立的换乘公交线路，这种公交按一定的频率穿梭往来于各站场之间，仅在各客运站场停靠。货物很少从一个站场运送到另外一个站场，货运站场之间一般不需要衔接通道。

6. 合理处理（分离）过境运输

枢纽城市的地理区位决定了必定有较大规模的过境运输，过境运输不在枢纽城市停留，与城市的经济社会发展基本没有关系，有必要通过各种形式实现分离。分离的形式有过境公路、过境铁路、绕城高速公路等。如果受客观条件限制或从技术经济角度修建独立过境线路不经济合理，过境交通运输通过城市内部道路，该道路应按城市快速道路的标准建设与控制，或直接采用高架或下穿的方式过境。目前在中小城市过境交通可以利用城市道路与城市交通混行。随着城市发展和扩大，应修建专用过境铁路和公路。对于过境公路，还需通过交通管制、经济手段等加以引导，以达到过境交通与城市交通分离的预期目的。

7. 对外公路与城市道路的衔接

综合运输枢纽城市还有大量的汽车进出城区，为了使这部分交通流顺畅，避免在城郊接合处出现交通拥堵，要求对外公路与城市道路有良好的物理连接和通行能力的匹配。其中通行能力的匹配是指对外公路衔接的所有城市道路的通行能力之和与对外公路的通行能力相匹配。由于城市道路本身要承担城市内部的交通，只有部分通行能力可以用来承担对外客货运输，因此应是该有效通行能力之和与对外公路通行能力相匹配，需要对外公路与多条城市主干道相衔接。另外，城市交通和对外干线交通流在时间上都有不均衡性，如城市交通的早晚高峰等，能力匹配还需考虑这种时间上的不均衡性。

此外，城市枢纽体系规划还应对站场设计的立体化和人性化，信息系统与运营服务方面的完善、衔接等提出一定的要求。

总之，城市内运输枢纽体系规划应以强化衔接为核心，建立功能完备、布局与分工合理、设计人性化、集疏运体系完善的枢纽站场和能力匹配的线路网络，加强信息系统、运营服务的衔接，使城市内外交通、客货中转换乘更加便捷、顺畅，提高综合运输体系的整体效率和服务水平，促进运输枢纽与城市的协调发展。

（四）推进策略与近期建设重点

对外运输通道网络和市内枢纽体系的构建，涉及许多建设项目和工作任务，在投资资金、外部环境条件等方面的约束下，需要长期持续不断的完善，统筹合理，分阶段逐步实施推进。

确定推进策略和近期建设重点，应从项目和任务对构建枢纽城市、打造枢纽功能定位的重要性、建设的紧迫性和实现的可能性三方面进行考虑。其中连接周边主要城市、港口的大容量、快速对外干线线路和市区内主要的大型客货运站场对枢纽的构建、功能定位的发挥具有重要作用，应优先重点考虑。对规模不满足目前运输需求、城市发展和周边市内交通拥堵已经造成较大影响的枢纽站场和线路，具有较强的迫切性，需要尽早实施搬迁或集疏运系统改造。实现的可能性主要从资金、土地以及相关方协调合作的成熟度等方面进行考虑。

（五）保障措施与政策建议

保障措施与政策建议主要包括运输枢纽的管理体制与协调机制、投融资与建设模式、运营管理模式与制度建设等方面。

1. 管理体制与协调机制

运输枢纽的要素较多，涉及多个行业管理部门，目前这些管理部门各自独立。枢纽的建设、运营既涉及城市管理部门与上级行业主管部门的协调，也涉及城市内相关部门之间的协调。缺乏统一的管理责任主体和相互间协调衔接不够是目前运输枢纽发展薄弱的根本原因。要推动运输枢纽的健康快速发展，必须建立有效的管理体制和协调机制。城市政府应明确某一部门为枢纽建设的责任主体，赋予一定权限，以其为核心，建立城市部门间协调机制。同时，该部门全权负责与上级各行业主管部门的沟通与协调。

2. 投融资与建设模式

运输枢纽尤其是客运站场具有较强的公益性，应由政府主导建设，在资金、土地、税收等方面加大支持力度。同时，多数枢纽站场具有一定的可经营性和盈利性，应充分利用该特点，以政府的相关支持为基础，采取灵活的方式，吸引企业及民间投资。城市政府应充分考虑不同交通枢纽在公益性、经营性等方面的不同，采取不同的投融资方案。在此基础上，按照市场规则形成投资法人，对枢纽站场进行投资建设。投资建设主体法人化可在一定程度上避免建设项目决策、建设与生产、经营相互脱节，经济效益低下等问题。

3. 运营管理模式与制度建设

枢纽场站的运营管理模式有很多种，如所有者及相关部门各自独立管理、所有者及相关部门统一协调管理、委托运输企业管理、委托专业化的运营企业进行管理等，应根据不同枢纽站场的性质情况，选择合适的运营管理模式。同时应建立相应的机制和明确的制度，保证所有运输服务市场主体享有公平使用的待遇。

三、以城市为主导加快推进综合运输枢纽建设发展

综合运输枢纽是综合运输体系的重要组成部分，是运输生产经营活动的重要场所，是运输效率、服务水平高低的关键。在我国综合交通网加快形成的历史阶段，推进完善综合运输枢纽对增强交通网的有效供给能力、提高综合运输体系的整体效益和服务水平等均有重要作用。

（一）推进我国综合运输枢纽规划、建设的必要性与紧迫性

1. 社会经济发展对交通运输需求变化要求加快综合运输枢纽建设

随着我国经济发展方式的转变，高端产业的比重越来越大，货物运输呈现小批量、多批次、高附加值等特征，在时间上对及时送达等也有较高要求。同时，随着人们生活消费水平的提高，对出行的舒适性、便捷性等服务质量的要求也越来越高。运输枢纽作为提高服务水平的关键，需要进行建设和完善。

2. 城市发展、枢纽站场大规模调整和重构，需要整体考虑、系统规划

城市功能布局调整、各种运输方式场站和城市轨道交通的建设使许多城市的综合运输枢纽进入了新一轮调整和重构时期。除了城市发展使许多客货运输站场调整外迁外，近些年我国正处在各种运输方式枢纽站场大规模建设完善期和城市轨道建设高峰期。

(二) 推进我国综合运输枢纽快速健康发展的政策建议

1. 提高对综合运输枢纽重要性和建设迫切性的认识，各级政府通过各种形式加大支持与引导，加快其完善发展

加快综合运输枢纽的完善发展，首先要提高对其重要性和建设的迫切性认识，进而通过各种形式加大支持和引导。运输枢纽尤其是客运站场有较强的基础性和社会公益性，在目前收费体制下，运输枢纽站场建设运营作为独立商业投资项目的吸引力不足，需要政府给予扶持。具体政策措施包括：提高枢纽站场投资在交通基础设施投资中的比重；制定合理优惠的土地出让政策，客运枢纽站场以划拨为主；完善建立市场化定价收费机制；降低或减免相关税收；增加信贷贴息力度等。

积极探索客运枢纽站场的综合利用开发。便利的交通和大规模客流聚集使客运枢纽充满了商机，奠定了其综合利用开发的可能性。同时，客运枢纽一般位于市中心，为了更好地利用稀缺的土地资源，从土地集约利用方面也要求进行同步商业开发。综合开发利用的收入可以用作投资建设和维护费用，是政府对综合客运枢纽的一种间接投入方式，保证其可持续发展。

2. 明确综合运输枢纽的责任主体以及规划编制、项目建设等审批、验收机制

（1）城市政府应为综合运输枢纽规划、建设、运营管理的主导者

综合运输枢纽的公益性和自然垄断性决定了应由政府主导进行建设，而综合运输枢纽集各种要素为一体，其规划、建设、运营管理涉及各种运输方式主管部门以及城市规划、土地、城建、环保等多个相关部门。为了有效集合各要素，发挥枢纽的整体功能和效益，需要建立统一的规划设计、投资建设、运营管理体制或协调机制。

城市政府最合适也有条件作为综合运输枢纽的主导责任主体。运输枢纽是重要的交通基础设施，更是城市基础设施的组成部分。铁路、公路、机场、港口等运输枢纽站场在区域及全国运输组织中具有重要的作用，但这些站场在城市中的具体位置对该功能作用的发挥影响不大。相反，从城市的角度看，运输枢纽主要为该城市及周边地区服务，场站往往需要布局在大型工商企业集中、人口密集的地区及周边，与城市其他基础设施联系极为紧密，其布局对城市的整体发展、对城市的秩序以及提供运输服务的便利性等均具有直接重大影响。城市政府作为主导者可以统筹考虑，更集约有效地利用土地资源，可以更好地促进客货运输设施与经济社会活动相协调，促进枢纽站场集疏运体系与城市交通相衔接和协调，有效解决目前存在的问题。

（2）城市政府负责统一规划和协调大型综合枢纽站场的前期工作，国家宏观经济管理部门组织协调各行业主管部门进行审批及项目验收。城市政府负责综合运输枢纽的统一规划和前期研究。城市政府依据本城市在综合运输体系中的地位功能，在充分考虑和满足运输需求的前提下，结合城市功能、产业布局、城市交通状况等因素，在城市层面统筹协调规划、土地、城建、环保等多个相关部门，对综合运输枢纽城市各构成要素进行统一规划。对于大型运输枢纽场站，城市政府负责组织进行可行性研究工作，明确枢纽站场的建设内容范围及其集疏运体系、投融资模式和构成比例，以便形成统一投资主体或者协调机制。

国家宏观经济管理部门组织协调各行业主管部门对规划、重大项目进行审批和验收。由于综合运输枢纽构成要素的涵盖而很广，铁道部、交通运输部、民航局以及城乡建设部等行业主管部门均难以对城市综合运输枢纽规划和重大综合性枢纽站场可行性研究进行独立审批，有必要让国家宏观经济管理部门来组织协调这些行业主管部门并进行审批。经批准的综合运输枢纽规划，应纳入城市总体规划。重大运输枢纽站场可行性研究通过审批后，城市政府进一步征求铁路、公路、航空、水运等行业主管部门以及相关运营企业的建设要求，组织设计和建设，国家宏观经济管理部门与各行业主管部门共同参与最终验收工作。

3. 鼓励实施运输枢纽站场投资建设主体法人化

投资建设主体法人化可在一定程度上避免建设项目在决策、建设与生产、经营相互脱节，经济效益低下等弊病。对港口等可以完全市场融资的枢纽站场，按照市场规则形成投资法人主体。对具有公益性难以完全商业化运作的枢纽站场，城市政府针对具体枢纽站场与各行业主管部门及其他投资主体通过合理的方式确定各自的投资比例。铁路、公路、民航等行业主管部门按照相关规定，分别投入一定数量的资金作为建设资本金；城市政府通过已有的基础设施投资公司或组建新的站场建设投资公司管理相关资金，对枢纽站场进行投资；两者共同作为资本金，使其成为吸纳民间资本的有效媒介。在此基础上，按照市场规则形成投资法人，对枢纽站场进行投资建设。

4. 加强运营管理模式及制度建设，保证枢纽站场的公共性

枢纽站场具有自然垄断性，如果运输企业掌握枢纽站场的运营，容易形成运输市场的垄断，进而影响运输市场的公平竞争和资源的有效利用，有必要采取措施保证枢纽站场的公共性，其措施和形式有多种：首先，应尽可能使枢纽站场的投资运营主体与运输服务的市场主体分开，并且前者在运营过程中不受后者的控制和影响。这需要政府作为主要的投

资主体，拥有枢纽站场的控制权，选择枢纽站场的运营主体，或者寻求多家运输企业共同参股，相互制衡，以达到对枢纽站场的公平使用，其次，对于枢纽站场的投资、运营主体同时也是运输服务的市场主体的情况，应建立相应的机制和明确的制度，保证其他运输服务市场主体享有公平的待遇。

第二节　运输市场与服务

一、一体化运输服务市场体系构架的范畴

实现并推广一体化运输服务需要政府来推动。运输服务是由运输企业来提供和实现的，但要想实现一体化运输服务，仅靠运输企业自身努力是难以实现的，并且需要较长的时间。在一体化运输服务实现的支撑条件中，加强交通基础设施的衔接、实现载运工具和票据的标准化、建立良好的外部环境等，都是运输企业难以实现的。在提高运输企业的运输组织协调能力和建立良好的合作关系，以及实现交通运输信息的联通共享等方面，运输企业自身虽能够在一定程度上实现，但如果有政府主管部门的推动，实现的难度将会降低，时间会大大缩短。

一体化运输服务市场体系构架是指政府为了促进和提高运输服务一体化水平，在运输市场建设管理方面的职能和工作，是实现一体化运输服务支撑条件和运输市场建设管理内容的交集。从实现一体化运输服务的支撑条件看，只有对运输企业的管理才属于运输市场建设管理的内容，属于该范畴；而促进交通基础设施的衔接、交通运输信息的联通共享、载运工具、票据等的标准化以及建立良好的外部环境等不属于运输市场体系建设的内容，不属于该范畴。从运输市场体系建设的内容看，只有推动运输企业发展和相互联合、协调等方面，才能促进一体化运输服务的实现，属于该范畴；其他促进企业间竞争、形成合理价格、运输安全监督等方面的内容的目的和结果不能促进一体化运输服务的实现，不属于该范畴。

二、实现一体化运输服务的模式及对政府管理的要求

实现一体化运输服务的模式是指实现全程运输服务所需要的承运人数量和组织形式，具体有以下三种：

（一）一个超级承运人独立完成全程运输组织和生产活动

有的跨区域、综合性运输企业可以独立完成全程运输组织和运输行为活动，从而为客户提供"门到门"的运输服务，这种运输企业即为所谓的超级承运人。这种超级承运人必须在较大的地域范围甚至全球范围内的各个地区设有分公司或办事处，同时拥有不同运输方式的运输工具。

由超级承运人独立完成全程运输服务是最容易实现一体化运输服务的模式。由于全程运输服务由一个承运人来完成，统一进行全程运输组织，各区段之间的衔接也是同一公司内的衔接，不管是票据还是交接手续以及设备工具等都是统一的，组织非常严密，各运输环节衔接时相互之间配合默契，全程运输过程最容易达到无缝衔接。

该模式中，实现一体化运输服务的关键是拥有跨区域、综合性的运输企业，因此政府需要积极推动培育形成这种跨区域、综合性的超级承运人。

（二）一个全程联运经营人进行全程运输组织，多个承运人共同完成运输生产活动

该模式具体是指由一个全程联运经营人综合组织的两个或两个以上运输企业（不同运输方式的运输企业或同种运输方式不同地域的运输企业），将货物从接管的地点运到指定交付地点。该模式中，全程联运经营人既可能由不拥有任何运输工具的货运代理企业、场站经营企业担任，也可以是某一区段实际承运的运输公司担任或者第三方物流企业，但必须能独立承担责任。在该模式下，运输组织工作与实际运输生产实现分离，全程联运经营人负责全程运输组织工作，各区段的实际承运人负责实际运输生产。在这种模式下，全程联运经营人具有双重身份：对货方而言，他是全程运输服务的承运人，与货方订立全程运输合同，向货方收取全程运费以及其他费用，并承担承运人的义务；对各区段实际承运人而言，他是托运人，他与各区段实际承运人订立分运合同，以契约承运人的身份负责组织其他各运输企业，向实际承运人支付运费以及其他必要的费用。在这个过程中，全程联运经营人是唯一的对托运人直接负责的契约承运人，而其他各区段、各种运输方式的承运人都是实际承运人，他们直接对全程联运经营人负责。

在这种模式中，全程联运经营人在运输服务实现过程中起核心作用，也是这种模式能够形成的关键，因此，为推动该种模式的发展，实现一体化运输服务，政府应该积极推动引导大型主导运输企业或大型货运代理企业等开展全程运输服务，成为全程联运经营人。

（三）多个承运人，相互协作完成全程运输组织和生产活动

该模式是指两个或两个以上的运输企业，按照统一的规章或商定的协议，共同将货物从接管货物的地点运到指定交付货物的地点的运输。在该模式下，参与联运的承运人均可受理托运人的托运申请，接受货物，签署全程运输单据，并负责自己区段的运输生产；后续承运人除负责自己区段的运输生产外，还需要承担运输衔接工作；而最后一个承运人则需要承担货物的交付以及受理收货人的货损货差索赔。在这种模式下，参与全程运输的每一个承运人均具有双重身份：对外而言，他们是共同承运人，其中一个承运人与发货人订立的合同，对其他承运人均有约束力，即是每个承运人均与货方存在运输合同关系；对内而言，每一个承运人不但有义务完成本区段的实际运输和有关的货运组织工作，还应根据规章或约定协议，承担风险，分配利益。

前两种模式中，超级承运人或全程联运经营人对全程运输服务进行统一运输组织，并对运输全过程负责。而多个承运人模式下，虽然联合体对运输全过程负责，但全程运输的运输组织是松散的，各区段承运人更多地关注或负责本区段的运输组织和运输生产，因而在相互衔接的环节相对较差，运输服务一体化的程度也就相对较低。

这种模式实现的关键是运输企业之间相互信任，在一定协议下进行合作，形成企业联盟。因此，在推动该模式发展过程中，政府的任务是创造各种环境和条件，积极推动运输企业之间的合作。

三、各运营模式实现的关键要素分析及政府的职能和措施

（一）形成跨区域、综合性运输企业的条件

在形成跨区域、综合性运输企业的外部环境方面，最重要的是要有一个完全开放的市场环境。要形成跨区域的运输企业，需要各地区的运输市场都是完全开放的，相互之间没有政策壁垒和地区保护主义，要形成综合性的运输企业，需要不同运输方式的运输市场都是开放的市场。

基于以上分析，政府要推动跨区域、综合性运输企业的形成，就需要在各地区、各种运输方式均开放市场。

（二）影响货代发展或运输企业成为全程联运经营人的因素

全程联运经营人可能是实际承运的运输企业或货运代理企业，影响其成为全程联运经

营人的因素分别为：

1. 主导运输企业的积极性

对于运输企业成为全程联运经营人，该运输企业应该在全程运输中具有主导地位，或者说其承担的该段运输是最重要的组成部分，如公路、铁路联运中的铁路运输企业，国际公路、海运联运中的海运企业等。由于该运输企业在整个运输过程中最重要，运输链中的其他企业便更容易以其为中心，服从其对全程运输的组织安排，从而形成紧密的运输链条。而在全程运输过程中处于从属地位的运输企业则有较大难度。因此，处于主导地位运输企业的积极性具有决定性作用，如果该连输企业没有积极性承担此职责，则难以实现一体化的运输服务。

2. 货代行业发展水平和环境

货物运输代理企业是货主和实际运输企业之间的桥梁，它在接受货主委托后，凭借对运输市场和各地域、不同运输方式运输企业的熟悉和了解，比较容易进行全程运输组织和协调各运输企业，从而最有条件成为全程联运经营人。实践也证明，货物运输代理业的发展推动了多式联运的发展。

货运代理企业成为全程联运经营人的前提是对各地、不同运输方式的运输企业都比较熟悉和了解。如果货运代理行业发展水平不高，货运代理企业仅局限于某一地区或者某一种运输方式，则同样不可能成为全程联运经营人。另外，货代行业的发展环境对其成为全程联运经营人也有较大影响。如果运输代理市场不规范，存在层层代理、多次分包等问题，则会阻碍全程联运的发展。因为如果层层代理、多次分包，货代企业不是直接与运输企业进行接触联系，无法进行全程运输组织协调。

基于以上分析，政府在推动形成全程联运经营人的过程中，一方面需要鼓励和引导主导运输企业扩大业务范围，成为全程联运经营人；另一方面要规范货代行业的发展，并鼓励货代企业跨区域开展综合性业务，从而成为全程联运经营人。

（三）多个运输企业合作的前提条件

实现一体化运输服务模式中的第二种和第三种模式都需要运输企业之间的相互合作，运输企业之间相互合作需要以下条件：

1. 真正的市场主体，有共同的目标和利益

只有真正的市场主体才有争取更多客户、追求利润的需求，才会努力满足客户要求。也正是这些共同的目标和利益，才使运输企业之间有合作的动力，通过合作实现共赢。

目前我国的运输市场，有的运输企业还是政企合一，有的运输企业是国有体制，这些运输企业都不属于真正的市场主体。这些运输企业在发展过程中，企业的目标和利益与真

正的市场主体有所不同，阻碍了与其他企业合作的积极性。基于现状，政府应进一步对运输市场进行改革，使所有的运输企业都成为真正的市场主体。

2. 市场主体之间地位平等

市场主体之间的地位平等是相互合作的前提。只有在地位平等的情况下，企业合作时在运输过程中的责任划分、风险分担等方面才会公平合理。市场主体的地位是否平等，很大程度上取决于市场结构，如果市场结构是独家垄断或者寡头垄断的状态，则处于垄断地位的企业将依据其市场地位，难以公平地与中小运输企业进行合作，也影响了中小企业与之合作的积极性和可能性。为了推动市场主体之间的平等地位，政府需要对运输市场进行管理，推动形成合理的市场结构，消除市场垄断行为。

3. 市场主体之间相互信任

运输企业之间的信任是相互合作的基础。实现全程运输服务需要各区段承运人共同参与行动，共同承担行动的风险，且各方存在相互的依赖。由于合作也是对未来的一种预期，存在很大的不确定性，所以合作关系的存在需要各方在一定程度上相互信任。同时，良好的合作反过来也会进一步促进相互间的信任，从而形成良性循环。

虽然运输企业之间的相互信任主要是企业之间的事情，但政府也应该通过各种途径促进企业间的相互信任，最有效的途径就是建立和规范诚信评价监督体系，通过严格规范的监督机制来增加企业间的这种系统信任。企业最初的合作主要是靠制订详细的契约来支持的，因而首先要让双方对契约的可执行性给予信心，所以必须首先要加强运输企业合同制度规范，使得企业间最基本的合作可以被保障。

4. 完善的市场监管体系及法律体系

运输企业之间相互合作，在完成运输服务的过程中，难免会因为人为或自然灾害等原因造成货损、不能及时到货等情况发生。虽然运输企业之间在业务合作时签订的合同条款中对责任、风险等有相应的规定，但也会发生一些条款以外的情况。产生纠纷后，运输企业之间难以通过协商解决时，如果有专门的管理机构，根据相关的法律、法规很快划分责任，进行协调处理，这样不但不会影响运输企业相互间的合作，反而会提高其相互合作的积极性。反之，则影响运输企业之间合作的积极性。

从以上分析可以看出，完善的运输市场监管体系和法律法规体系对于促进运输企业之间的合作具有重要作用，需要政府主管部门进一步加强该方面的工作。

（四）具有全程运输组织协调的能力

全程运输组织协调的难度要远远超出某一区段的运输组织协调，要求超级承运人或全程联运经营人有较高的全程运输组织协调能力。全程运输组织的目标是整个运输链的效益最大化，往往与各区段利益最大化有冲突和矛盾，但要想实现合作，必须使各区段所有运输企业共赢才有可能。同时，全程运输组织计划需要考虑各区段的运力情况、能力匹配和时间衔接等因素，因此比制订单一区段的运输组织计划复杂。

运输组织协调能力的高低主要取决于运输企业相关人员的素质和水平，主要依靠运输企业自己锻炼和培养，但政府可以通过加强专业人员培训和实行从业人员资格考试制度等帮助和促进运输企业提高人员业务能力，进而提高全程运输组织协调能力和水平。

四、一体化运输服务市场体系构架

基于以上对一体化运输服务实现的模式及影响因素进行分析，政府除了需要进一步引导客户提出一体化运输服务的需求外，更重要的是为运输企业提供实现一体化运输服务的外部环境和条件，主要包括以下四个方面：

第一，积极推动形成跨区域、综合性的超级承运人。主要具体政策手段为在各地区、各种运输方式均开放市场。

第二，引导大型主导运输企业或大型货运代理企业开展全程运输服务，形成全程联运经营人。一方面需要鼓励和引导主导运输企业扩大业务范围，成为全程联运经营人；另一方面要规范货代行业的发展，并鼓励货代企业跨区域开展综合性业务，从而成为全程联运经营人。

第三，积极推动运输企业之间合作，形成企业联盟。具体包括：进一步对运输市场进行改革，使所有的运输企业都成为真正的市场主体；对运输市场进行管理，推动形成合理的市场结构，消除市场垄断行为；建立和规范诚信评价监督体系，促进企业间的相互信任；加强制度规范，使得企业间最基本的合作可以被保障；完善的运输市场监管体系和法律法规体系。

第四，引导运输企业提高自身水平和能力，尤其是运输组织协调能力。具体措施有通过加强专业人员培训和实行从业人员资格考试制度等帮助和促进运输企业提高人员业务能力，进而提高全程运输组织协调能力和水平。

第五章 交通运输决策

第一节 交通运输决策研究

一、概述

（一）决策的概念

系统决策是指在一定的条件下，根据系统的状态，在可采取的各种策略中，依据系统目标选取一个最优策略并付诸实施的过程。科学决策不同于经验决策，它是在对系统进行科学分析的基础上，运用科学的思维方法，采用科学的决策技术做出决策的过程。

朴素的决策思想自古有之，但在落后的生产方式下，决策主要凭借个人的知识、智慧和经验。生产和科学技术的发展要求决策者在瞬息万变的条件下对复杂的问题迅速做出决断，这就要求对不同类型的决策问题，有一套科学的决策原则、程序和相应的机构、方法。随着计算机技术的发展，决策分析的研究得到极大的促进，随之产生的计算机辅助决策支持系统，使许多问题可以在计算机的帮助下得以解决，在一定程度上代替了人们对一些常见问题的决策分析过程。

（二）决策的重要性

运输系统决策的重要性可以从决策实施后的效果以及这种效果影响的广度和深度来理解。新中国成立以来，我国的交通运输事业虽然有了很大的发展，但仍然不能适应经济和社会发展对运输的需求，交通运输已经逐渐成为制约国民经济发展的瓶颈。究其原因，是因为长期以来，我国在运输系统方面的错误决策造成的。在发展国民经济的指导思想上，往往是重生产、轻流通，重工业、轻交通，主要表现在：一是只看到工业特别是重工业眼前的、直接的经济效益，看不到或不重视交通运输业巨大的、长远的社会效益和间接的经济效益。二是对交通运输业的性质及其在国民经济和社会发展中的地位与作用缺乏深层次的理解，对交通运输是国民经济重要的基础结构和必须适度先行认识不足，缺乏工业发展取决于交通运输承受能力的概念。三是对在物质生产、分配、流通、消费四大领域中，交通运输是再生产过程中的纽带和前提条件缺乏必要的认识，往往只把交通运输业作为一般的服务行业，没有充分认识到它的社会公益功能和宏观调控功能，致使工业部门越来越多，交通运输业承受的挤占也越来越多（特别是投资挤占）。四是对交通运输供给能力的认识存在很大的片面性，认为运输能力的弹性大，运力再紧张，只要挤一挤、压一压，也能挖掘出一些"潜力"，殊不知这种超负荷、拼设备、吃老本的做法，牺牲了运输业本身的效益和服务质量，为国民经济和社会的发展留下了很大的后患。五是片面强调铁路的作用，对其他运输方式在综合运输系统中应有的地位和作用认识不够客观和全面，导致运输业内部发展不平衡，综合运输效益差。

由于认识上的偏差，在投资政策上，对交通运输业的投资与整个国民经济、工业、能源投资之间的比例安排不当，造成投资结构的严重失调。在对运输业内部的投资政策上，又偏重于铁路，对其他运输方式重视不够。加之运输价格的不合理性，财政、税收、信贷政策的限制，燃油供应政策缺乏保证以及运输系统管理体制存在的种种弊端，使得我国的交通运输紧张，严重制约了国民经济和社会的发展，成为突出的薄弱环节之一。

此外，在交通运输投资决策上，不按科学规律办事，违反科学的决策程序，按长官意志行事，有些交通运输建设项目在论证不充分的情况下就匆匆上马，影响了运输投资效益的发挥，造成了运输建设项目的重大决策失误。

（三）决策的基本要素

决策分析的基本要素包括以下几个方面：

1. 决策者

决策者是指决策过程的主体，即决策人。一般来说，他是某一方面或某一部分人的利益代表者。决策者在决策过程中起着决定作用，由多方利益代表者构成的决策集体称为多人决策，或称这个集体为决策组、决策集团。

2. 方案

方案指的是决策过程中可供选择的行动方案或策略。方案可以是有限的，也可以是无限的。

3. 结局

结局是方案选择以后所造成的结果。如果没有不确定性，则只有一个结局，称为确定型决策；如选择方案后，结果存在不确定性，则存在多种结局。

4. 价值及效用

价值及效用是指对结局所作出的评价。在决策分析中，一般无风险下对结局的评价称为价值，可以用具体的益损值表示；在有风险的情况下，价值将随风险的大小有所改变，称为效用，效用取值 [0，1]。下面所讨论的决策问题均以益损值来描述对结局所作的评价。

5. 偏好

偏好是指人们对各种方案、目标、风险的爱好倾向。可以定量表示偏好，也可以用排序的方式表示。

（四）决策的步骤

决策程序是人们长期进行决策实践时的步骤，是人们长期进行决策实践的科学总结。如前所述，正确的决策不仅取决于决策这个人的素质、知识、才能、经验以及审时度势的能力，并且与认识和遵循决策的科学程序有着密切的关系。科学的决策程序一般包括以下四个基本步骤：

1. 提出问题，确定目标

提出问题是指提出必须解决的、将要发生的问题。决策者应能够根据经济与科学技术的发展，或依据先进经验，或从搜集和整理的情报中发现差距，确认问题。一个决策者如能站得高、看得远、统观全局，就能找出问题的关键所在。目标是决策的出发点和归宿，也是通过决策所要预期达到的技术经济成果。决策目标有技术上的目标，也有经济上的目标。例如，为提高运输企业经济效益而确定的目标就属于经济上的目标；研发先进的运输装备以提高运输能力就属于技术上的目标。目标的确定要考虑以下几点：

（1）目标的针对性

针对所要解决的问题，如是为了增加运量还是为了降低成本；针对决策人的职责范围，如降低成本问题，上级有上级的目标，下级有下级的目标，下级的目标要服从上级的目标。

（2）目标的准确性

目标要概念明确，时间、数量、条件等都要具体加以规定。一方面是作为方案可行性的依据，另一方面是为了有可能对执行的结果进行检查。

（3）目标的先进性和可靠性

要建立一个必须经过人们艰苦努力才能够达到的目标，而不是建立一个轻易可达的目标，否则就不能调动群众的积极性，也不能充分挖掘潜力。同时，要注意使目标有较大实现的可能性，注重实际，量力而行，不能是空想的、不可实现的。

（4）目标的相关性

一项决策可能涉及多项目标，这时要分清哪些是长期目标，哪些是近期目标；哪些是战略目标，哪些是战术目标；哪些是主要目标，哪些是次要目标。并且还要明确它们的衔接关系。对于主次目标，还必须确定一个优先顺序，使次要目标服从主要目标，以保证主要目标的实现。

2. 调查研究，拟定可行方案

根据目标，拟定可行方案，这是决策的基础。研究提出的可行方案，要根据系统的内外部条件，采取专家和群众相结合的方法，群策群力，集思广益，不能靠少数几个人的苦思冥想；要善于启发，使人们解放思想；要重视"奇谈怪论"式的只言片语或"头脑风暴"式的敢想敢言。各个方案提出后，还要对每个方案进行充分的研究和可行性论证，要尽可能分析每一个方案的措施、组织、资源、人力、经费、时间等。通过论证，只有在技术上可行的方案才能够作为决策分析中待比较、选择的方案，而且，至少要有两个以上的可行方案可供选择。

3. 对方案进行评价和选择

评价方案，首先要根据决策目标，制定一套评价标准；其次要通过各种模型，对备选方案进行系统分析、综合评价，以便比较、选优。在全面评价的基础上，最后选定行动方案。

4. 贯彻实施方案

目标是否明确、方案是否满意都有待于在方案的贯彻执行中加以验证。决策方案确定后，要落实到有关责任部门和人员，制定实施决策的规划和期限，解决与实施决策有关的问题。为了将实际效果与预计效果相比较，要建立健全信息反馈渠道，及时收集决策方案实施过程中的有关资料，若发现与预计效果有差异，要有针对性地查明原因，并加以修正调整，以保证决策目标全部实现。

（五）决策的准则

科学的决策，就是在科学理论的指导下，通过科学的方法，做出有科学依据的决策，它必须遵循以下准则：

1. 信息准则

决策应以可靠的、高质量的信息为基础。

2. 预测准则

通过预测为决策提供有关未来的信息，使决策具有远见卓识。

3. 科学准则

用科学理论作为决策的指导，掌握决策对象发展变化的规律。

4. 系统准则

要考虑决策涉及的整个系统和相关系统，还应使系统同环境能彼此协调，决策的结果应让系统处于最佳状态，不能顾此失彼。

5. 可行准则

决策涉及系统的人力、物力、财力资源及技术水平等，要建立在可以办得到的基础上。

6. 选优准则

决策也是选优的结果，因此必须具有两个以上的方案，并根据一定价值观念和标准从中选定满意的或最佳方案。

7. 行动准则

决策都是要付诸实施的，有了决策，必然导致某种行动，并且要有行动的结果。

8. 反馈准则

决策不可能十全十美，应把实践中检验出的不足和变化了的信息及时反馈给决策者，以便据此做出相应调整。

（六）决策的分类

由于决策的内容广泛、层次复杂、方法多样，所以可以从不同角度对决策进行分类。

1. 按决策的重要性分类

可将决策分为战略决策、策略决策和执行决策。战略决策是涉及某组织发展和生存的、有关全局和长远的决策。如厂址的选择、新产品的开发方向、原料供应地的选择等。策略决策是为完成战略决策所规定的目的而进行的决策，如对一个企业来讲，产品规格的选择、工艺方案和设备的选择、厂区和车间内工艺路线的布置等。执行决策是根据策略决策的要求对执行行为方案的选择，如生产中产品合格标准的选择、日常生产调度的决策等。

2. 按决策的结构分类

可分为程序决策和非程序决策。程序决策是一种有章可循的决策，一般是可重复的。非程序决策一般是无章可循的、只能凭经验直觉做出应变的决策，一般是一次性的。由于决策的结构不同，解决问题的方式也不同。

3. 按定量和定性分类

可分为定量决策和定性决策。描述决策对象的指标都可以量化时称为定量决策；否则称为定性决策。

4. 按决策环境分类

可将决策问题分为确定型、风险型和不确定型三种。确定型决策是指决策环境是完全确定的，做出选择的结果也是确定的。风险型决策是指决策的环境不是完全确定的，而其发生的概率是已知的。不确定型决策是指决策者对将发生结果的概率一无所知，只能凭决策者的主观倾向进行决策。

5. 按决策过程的连续性分类

可分为单项决策和序贯决策。单项决策是指整个决策过程只做一次决策就得到结果。序贯决策是指整个决策过程由一系列决策组成。一般管理活动是由一系列决策组成的，但在一系列决策中往往是几个关键环节要做决策，可以把这些关键的决策分别看作单项决策。

（七）运输系统决策

所谓运输系统决策问题，就是在运输系统中与运输活动有关的决策问题。如运输经济决策、运输科技决策、运输发展决策，等等。从运输企业的长远发展方向来看，要不要增加新的投资、扩大运输规模，要不要引进新技术、新工艺、新设备；从运输企业的日常管理工作来看，运输价格应如何确定，运输设备何时更新以及如何更新等所有这些问题，都要求决策者能够做出合理、适时、科学、正确的决策。

二、确定型运输决策问题

（一）确定型决策的主要特征

确定型决策就是指能够确定计算出各方案的益损值，从中选出最优决策。确定型决策的主要特征是：

(1) 存在决策者希望达到的一个明确目标（收益最大或损失最小）；

(2) 存在一个确定的自然状态；

(3) 存在可供决策者选择的两个或两个以上的行动方案；

(4) 不同的行动方案在确定状态下的效益值（或损失值）可以计算出来。

（二）确定型决策的方法

确定型决策问题看起来似乎很简单，但在实际工作中往往是很复杂的，因为可供选择的方案是很多的，仅仅通过直观比较难以确定出最优方案。例如有 A 个产地 B 个销地的运输问题，当 A、B 较大时，运输方案就很多，这时要确定一个运输费用最低的合理运输方案，就必须用线性规划的方法才能解决。对于确定型的决策问题，要用运筹学的其他分支和另外的一些数学方法，同时还要借助于电子计算机才能更好地解决。常用的决策方法有：线性规划、非线性规划、动态规划、目标规划、整数规划、投入产出数学模型、确定型库存模型等。另外，决策者面对要决策的问题要达到多目标的情况也很多，这时可用多目标规划来解决。

三、不确定型运输决策问题

（一）悲观准则

悲观准则又称极大极小决策标准。当决策者对决策问题不明确时，唯恐由于决策失误带来的损失，因而，在做决策时小心谨慎，总是抱着悲观的态度，从最坏的结果中争取最好的结果。

1. 决策步骤

(1) 编制决策效益表；

(2) 从每一个方案中选择一个最小的效益值；

(3) 在这些最小的收益值对应的决策方案中选择一个效益值最大的方案为备选方案。

2. 决策原则

小中取大。

（二）乐观准则

乐观准则又称极大极大决策标准，主要特征是实现方案选择的乐观原则。进行决策时，决策者不放弃任何一个获得好结果的机会，争取大中取大，充满乐观冒险精神。

1. 决策步骤

（1）编制决策效益值表；

（2）从每一个方案中选择一个最大的收益值；

（3）在这些最大的收益值对应的决策方案中选择一个收益值最大的方案为备选方案。

2. 决策原则

大中取大。

（三）折中准则

乐观准则和悲观准则都过于极端，折中准则是介于二者之间的一个决策标准。在进行决策的时候，要求决策者确定一个系数：折中系数 $\alpha(\alpha \in [0, 1])$，$\alpha \to 0$ 说明决策者接近悲观；$\alpha \to 1$ 说明决策者接近乐观。

决策步骤：

（1）编制决策益损表；

（2）计算每个方案折中决策标准收益值，即

$$d_i = \alpha \max_j c_{ij} + (1 - \alpha) \min_j c_{ij}$$

（3）选择最大的折中收益值对应的方案为备选方案，即

$$d^* = \max_i \{d_i\} \quad (i = 1, 2, \cdots, m)$$

当 $\alpha = 1$ 时，为乐观（极大极大）准则；当 $\alpha = 0$ 时，为悲观（极大极小）准则。

（四）遗憾准则

遗憾准则是一种使遗憾值最小的准则。所谓遗憾值是指决策者在某种自然状态下本应选择收益最大的方案时却选择了其他方案而造成的机会损失值。该准则要求决策者首先计算各方案在不同状态下的遗憾值，再分别找出各方案的最大遗憾值，最后在这些最大遗憾值中找出最小者对应的方案，即将最小的最大遗憾值对应的方案作为最优决策方案。

决策步骤：

（1）编制决策益损表；

（2）用每个状态下的最大收益值减去其他方案的收益值，得出每个方案的遗憾值，即

$$Q_{ij} = \max_i \{c_{ij}\} - c_{ij}$$

（3）找出每个方案的最大遗憾值，即

$$d_i = \max_j \{Q_{ij}\}$$

(4) 从每个方案的最大遗憾值中找出最小的遗憾值对应的方案为备选方案，即

$$d^* = \min_i \{d_i\} \ (i = 1, 2, \cdots, m)$$

（五）等可能准则

等可能准则又叫拉普拉斯（Laplace）决策准则。其主导思想是决策人把自然状态发生的概率都取成等可能值，如果有 $n(n=1, 2, 3\cdots)$ 个自然状态，则每一个自然状态出现的概率为 $1/n$，因此该准则也称等可能准则。然后按风险型决策问题的期望值法进行决策。

决策步骤：

（1）编制决策益损表；

（2）计算每个方案在不同情况下的期望益损值，即

$$G_i = \frac{\sum_{j=1}^{n} C_{ij}}{n}$$

（3）选最大的期望益损值 $\max[G_i]$ 对应的方案为最优方案。

四、风险型运输决策问题

（一）决策树法

决策树法是以图解的方式分别计算各方案在不同自然状态下的益损值，通过对每种方案益损期望值的比较做出决策。

1. 决策树的结构

决策树法是利用树形结构图辅助进行决策的一种方法：这种方法是把各种备选方案、可能出现的状态以及决策产生的后果，按照逻辑关系画成一个树形图，在树形图上完成对各种方案的计算、分析和选择。决策树由四个部分组成：

（1）决策节点

在决策树中用"□"表示，表示决策者要在此处进行决策。从它引出的每一个分枝，都代表决策者可能选取的一个策略（又称方案枝）。

（2）事件节点

在决策树中用"○"表示，从它引出的分枝代表其后继状态，分枝上括号内的数字表

明该状态发生的概率（又称概率枝）。

（3）结果节点

在决策树中用"△"表示，它表示决策问题在某种可能情况下的结果，它旁边的数字是这种情况下的益损值（又称末梢）。

（4）分枝

在决策树中用连接两个节点的线段，根据分枝所处的位置不同，又可以分成方案枝和状态枝。连接决策节点和事件节点的分枝称为方案枝；连接事件节点和结果节点的分枝称为状态枝。

2. 决策树法的决策步骤

（1）画决策树

画决策树的过程就是拟定各种方案的过程，也是进行状态分析和预估方案结果的过程。因此，首先要对决策问题的发展趋向步步深入地进行分析，然后按决策树的结构规范由左向右逐步画出决策树。

（2）计算各方案的期望值

按期望值的计算方法，从图的右边向左逐步进行，并将结果表示在方案节点的上方。

（3）剪枝选择方案

比较各方案的期望值，选取期望收益最大或期望损失最小的方案为最佳方案。将最佳方案的期望值写在决策点的上方，并在其余方案枝上画"∥"进行剪枝，表示舍弃该方案。

风险型决策问题与不确定型决策问题的本质区别在于：前者利用自然状态出现的概率分布，以期望收益值最大为决策目标，所得到的结果比较能够符合客观情况；而后者则是对未来的自然状态一无所知，其决策受主观意识的影响很大，带有一定的盲目性。

在风险型决策问题中，确定未来状态出现的概率是非常重要的。各种自然状态出现的概率可以用统计资料、实验结果得出，但大多数情况下要凭经验、知识甚至是预感未来的情况进行估计，这样得出的概率值称为主观概率。对同一事件，不同的人做出的主观概率的估计是不同的，因此，所得出的决策结果也是不同的。对于不确定型决策，只要决策者对未来状态出现的可能性不是全然不知，就总可以做出一些估计，因而即可转化成风险型决策问题。

（二）最大可能法

最大可能准则的基本思想是将风险型决策问题转化为确定型决策问题。风险型决策问题中，每种自然状态的发生都有一个概率值，某种状态发生的概率越大，说明该状态发生的可能性越大。基于这种想法，在风险型决策中，若某种状态出现的概率远比其他状态大得多的时候，就可以忽略其他状态，而只考虑概率特别大的这一种状态。这样，风险型决策问题就转变成确定型决策问题。

最大可能法要求决策者首先找出概率明显最大的自然状态，然后在这一状态下选取收益最大的方案为最优决策方案。

决策步骤：

（1）编制决策效益值表；

（2）确定明显最大的概率所对应的自然状态，即

$$p(s_t) = \max_j \{p(s_j)\} \quad (j = 1, 2, \cdots, n)$$

（3）在选定的自然状态下，选取收益值最大的方案为最优方案，即

$$d^* = \max_i \{C_{it}\} \quad (i = 1, 2, \cdots, m)$$

用最大可能法对风险型问题进行决策比较方便，但这种方法的适用范围是有限的。一般来说，在一组自然状态中，当其中某个自然状态出现的概率比其他状态出现的概率大得多，而它们相应的益损值相差不是很大时，用这种方法进行决策能得到较好的效果。相反，如果有一种方案各状态下的益损值相差较大，而概率却相差无几，或因状态很多而概率值都很小，这时则不宜采用该准则。

（三）期望值准则法

1. 益损期望值

在风险型决策问题中，未来出现哪种状态是不确定的，是一个随机事件，每一种可行方案能获得的收益（或损失）也是个随机事件，但获得某个收益（或损失）的概率是知道的。因此，每一种可行方案对应益损值的数学期望值为：

$$E(A_i) = \sum_{j=1}^{n} F_j C_{ij}$$

式中 $E(A_i)$ ——第 i 个可行方案的益损期望值；

A_i ——第 i 个可行方案；

F_j ——出现自然状态 j 的概率；

C_{ij} ——可行方案 i 在自然状态 j 下的益损值。

在所有方案中，收益期望值最大或损失期望值最小的方案就是最优方案。

最大的益损期望值是平均意义下的最大收益。因此期望值准则适用于状态概率稳定的

重复性决策，而对一次性决策则要冒一定风险。

将期望值准则与不确定型决策中的等可能准则进行比较。在等可能准则中，假设各种自然状态出现的概率相同，即

$$F_1 = F_2 = F_3 = F_4$$

因此：

$$F_1 + F_2 + F_3 + F_4 = 1$$

所以：

$$F_1 = F_2 = F_3 = F_4 = 1/4$$

$$E(A_i) = \sum_{j=1}^{n} F_j C_{ij} = \frac{\sum_{j=1}^{n} C_{ij}}{n} = G_i$$

每个可行方案益损值的期望 $E(A_i)$ 就是平均值 G_i。可见，等可能准则是期望值准则的特例，它假设了各个自然状态出现的概率相等。

2. 后悔值期望值

决策者制定决策后，若现实情况未能符合理想，将有后悔的感觉。每一种自然状态下总有一个方案可以达到最好的情况或取得最优值，如果选择其他方案其结果将达不到最优值，每种状态下各方案均有后悔值。在应用期望值准则时，除计算可行方案的益损值外，还可以根据各方案的后悔值计算后悔值期望值。从后悔值期望值中选取最小值，相应的方案即为最优方案。该准则只适用于矩阵决策问题。

第二节 交通运输决策支持系统

一、决策支持系统基础理论

（一）决策支持系统基本概念

决策支持系统（Decision Support System，DSS）是辅助决策者通过数据、模型和知识，以人机交互方式进行半结构化或非结构化决策的计算机应用系统。决策支持系统是在管理信息系统（MIS）和运筹学的基础上发展起来的新型计算机学科，以数据仓库和 OLAP 相

结合建立的辅助决策系统是决策支持系统的新形式。数据仓库、OLAP 和数据挖掘技术的结合产生了商业智能系统，它为决策者提供分析问题、建立模型、模拟决策过程和方案的环境，调用各种信息资源和分析工具，帮助决策者提高决策水平和质量。

决策支持系统协助组织的管理者规划与解决各种行动方案，常用试验的方式进行。通常以交谈式的方法来解决半结构性或非结构性的问题，帮助管理者做出独特、改变快速且事先不易确定的决策，强调的是支持而非替代人类进行决策。

决策支持系统在设计上比其他信息系统更具有分析能力，其分析的数据来源为交易处理系统或管理信息系统所提供的组织内部信息，但有时也需要外部数据来源，如股价或竞争者的产品价格，并透过其内建的许多模型来分析数据或把大量数据汇整成可供决策者分析的形式。它多以友善的界面与使用者交谈，让使用者可方便地更改假设、提出新问题或接收新资料。

（二）决策支持系统的功能及特征

决策支持系统是信息系统的高级发展阶段，即将数据处理的基本功能与各种模拟决策工具结合起来，帮助管理者进行分析、策划的系统。具体功能如下：

第一，收集、管理并随时提供与决策问题有关的组织内部信息，如订单要求、库存状况、生产能力与财务报表等；

第二，收集、管理并提供与决策问题有关的组织外部信息，如政策法规、经济统计、技术发展趋势、市场动态、竞争对手行动等；

第三，收集、管理并提供各项决策方案、执行情况及反馈信息，如订单履行进度、生产计划完成情况等；

第四，以一定的方式存储和管理与决策问题有关的各种数据模型，如定价模型、库存控制与生产调度模型等；

第五，存储并提供常用的数学方法及算法，如最短路径算法、回归分析方法、线性规划、特卡洛方法等；

第六，自动对数据进行加工、汇总、分析、预测，并得出综合信息报告；

第七，对上述数据、模型与方法的维护，如数据模式的变更、方法的修改等；

第八，能灵活地运用模型与方法对数据进行加工、汇总、分析、预测，得出所需的综合信息与预测信息；

第九，提供友好的人机界面和数据通信功能，方便使用者修改、处理和传输上述数据、模型与决策结果；

第十，及时将加工结果传送给使用者。

DSS 的基本特征可以分为以下几个方面：

（1）面向结构化程度不高的问题，如上层管理人员经常面临的决策机制表达不够充分的问题；

（2）以模型或分析技术为核心，传统的 MIS 以数据存取技术及检索技术为基础；

（3）供非计算机专业人员使用，以交互会话的方式操作 DSS；

（4）能适应环境及用户决策方法经常改变的要求；

（5）支持但不是代替高层决策者制定决策；

（6）把建模技术或分析技术与传统的数据存取技术及检索技术有机地结合起来；

（7）跟踪和适应人的决策过程，而不是要求人去适应系统。

（三）决策支持系统的分类

长期以来，信息系统的研究者以及技术人员不断研究和构建决策支持系统，使得决策支持系统得到突飞猛进的发展，在许多行业和领域得到应用。随着在理论和实际两个方面的发展进化，决策支持系统已经有许多成熟的类型。

DSS 按照其系统结构可大致分为两类：一类是以数据库、模型库、方法库、知识库及对话管理等子系统为基本部件的多库系统结构；另一类是以自然语言、问题处理、知识库等子系统为基本部件构成的系统结构。

按照内部结构的驱动方式，决策支持系统可分为以下几类：

1. 通信驱动的 DSS

通信驱动 DSS 强调通信、协作以及共享决策支持，能够使两个或者更多的人互相通信，共享信息，并协调他们的行为。

2. 数据驱动的 DSS

数据驱动的 DSS 通过查询和检索数据库提供了辅助决策的功能。结合了联机分析处理的数据驱动 DSS 提供最高级的功能和决策支持，并且此类决策支持是基于大规模历史数据分析的。主管信息系统（EIS）以及地理信息系统属于专用的数据驱动 DSS。

3. 模型驱动的 DSS

模型驱动的 DSS 强调对于模型的访问和操纵，比如统计模型、金融模型、优化模型及仿真模型等，利用决策者提供的数据和参数来辅助决策者对于某种状况进行分析。

4. 知识驱动的 DSS

知识驱动的 DSS 可以就采取何种行动向管理者提出建议或推荐。这类 DSS 是具有解决问题的专门知识的人机系统。"专门知识"包括理解特定领域问题的"知识"以及解决这些问题的"技能"。构建知识驱动的 DSS 的工具有时也称为智能决策支持方法。

(四) 决策支持系统的组成

完整的 DSS 系统模式可以表示为 DSS 本身以及它与"真实系统"、人和外部环境的关系。决策者处于核心位置,他运用自己的知识把他和 DSS 的响应输出结合起来进行决策。由于 DSS 使用者面临的决策的规则与步骤不完全确定,决策过程难以明晰表达,且决策者的素质、解决问题的风格、所采用的方法都有较大差异,使得 DSS 的模式应具有较高柔性,更多地强调决策者的主观能动性。

1. 对话子系统

对话子系统是决策支持系统与用户之间的交互界面。它提供形式多样的显示和对话形式、输入输出转换,控制决策支持运行。

2. 数据库子系统

数据库子系统包括数据库管理系统和数据库。数据库用来存储大量数据,它由数据库管理系统来管理和维护。

3. 模型库子系统

模型库子系统包括模型库管理系统和模型库。模型库用来存放模型,模型以计算机程序形式显示。模型库是 DSS 的核心部分,它是 DSS 中最复杂、最难实现的部分,DSS 用户是依靠模型库中的模型进行决策的。

由以上可以看出,DSS 的关键技术有:

第一,模型库系统的设计和实现。它包括模型库的组织结构、模型库管理系统的功能、模型库语言等方面的设计和实现。

第二,部件接口。各部件之间的联系是通过接口完成的,部件接口包括:对数据部件的数据存取,对模型部件的模型调用和运行,对知识部件的知识推理。

第三,系统综合集成。根据实际决策问题的要求,通过集成语言完成对各部件的有机综合,形成一个完整的系统。

(五) 决策支持系统的发展

一般来说,决策支持系统是以计算机为基础的完成信息收集、信息整理、信息处理、信息提供的人机交互系统。它利用计算机运算速度快、存储容量大等特点，应用决策理论方法、心理学、人工智能、计算机网络、数据库等技术，根据决策者的决策思维方式，从系统分析角度为决策者或决策分析人员创建一种良好的决策分析环境。在此环境下，决策者和决策分析人员可以充分利用自己的经验知识，同时在系统的引导下获取有效的信息，详细了解和分析决策过程中的各主要因素及其影响，激发思维创造力，从而在决策支持系统的帮助下逐步深入地透视问题，最终有效地做出决策，即通过决策者与计算机的相互对话完成最终决策。简言之，决策支持系统不仅在内容上能对决策者提供帮助，也能在整体决策过程中对决策者的问题识别、分析提供支持，帮助决策者提高决策的科学化程度。

二、决策支持系统典型技术

决策支持系统的典型技术包括专家系统、人工神经网络、数据仓库和联机分析处理、遗传算法、群决策支持系统和综合决策支持系统等。

（一）专家系统

专家系统（Expert System，ES）是一个具有大量专门知识与经验的计算机信息系统，可以视为一个知识渊博的助手。专家系统应用人工智能技术，根据人类专家提供的特殊领域知识、实践经验进行推理和判断，模拟人类专家做出决定，解决需要专家才能解决的复杂问题。

专家系统以清晰可读的类自然语言方式表达无法用数学模型精确表达的专家知识，能在特定领域内模仿专家工作，处理非常复杂的情况，弥补组织中专家资源的不足，增加解决问题的质量和持续性。在已知其基本规则的情况下，无需输入大量细节数据即可运行。

专家系统在结构上增设了知识库、推理机与问题处理系统，人机对话部分还加入了自然语言处理功能。专家系统的任务类型包括了解释、预测、诊断、计划编制、设计、处方、监控、控制和指导等。要成功地设计一个专家系统，最重要的是选择专家或专家群体，但专家系统知识获取困难，有时很难找到合适的、能够清楚表达领域知识的专家，对于动态和复杂的系统，其推理规则是固定的，难以适应变化的情况。

（二）人工神经网络

人工神经网络（Artificial Neural Network，ANN）是对人脑或自然神经网络若干基本特性的抽象和模拟，作为一种模拟人脑认知学习过程的尝试，于20世纪40年代由芝加哥大学首次提出。在过去十几年中，ANN 以其建立复杂模型的强大能力在商务、金融等众多领域得到了相当多的应用。人工神经网络的特点如下：

第一，可以充分逼近任意复杂的非线性关系；

第二，所有定量或定性的信息都等势分布储存于网络内的各神经元，故有很强的健壮性和容错性；

第三，采用并行分布处理方法，使得快速进行大量运算成为可能；

第四，可学习和自适应不知道或不确定的系统；

第五，能够同时处理定量、定性知识。

人工神经网络计算带来的最明显的收益之一就是能够获得推论性的知识，这是其他所有基于知识的科学技术都不能提供的。人工神经网络的特点和优越性，主要表现在三个方面：

①具有自学习功能。例如实现图像识别时，只要先把许多不同的图像样板和对应的识别结果输入人工神经网络，网络就会通过自学习功能，慢慢学会识别类似的图像。自学习功能对于预测有特别重要的意义。

②具有联想存储功能。用人工神经网络的反馈网络就可以实现这种联想。

③具有高速寻找优化解的能力。寻找一个复杂问题的优化解，往往需要很大的计算量，利用一个针对某问题设计的反馈型人工神经网络，发挥计算机的高速运算能力，可能很快找到优化解。

（三）数据仓库和联机分析处理

数据仓库和联机分析处理（Data Warehouse and On-Line Analysis Processing, OLAP）是 20 世纪 90 年代初提出的概念，到 90 年代中期已经形成潮流。数据仓库将大量用于事务处理的传统数据库进行清理、抽取和转换，并按决策主体的需要进行重新组织。数据仓库的逻辑结构可分为近期基本数据层、历史数据层和综合数据层（其中综合数据是为决策服务的）。数据仓库的物理结构一般采用星形结构的关系数据库。星形结构由事实表和维表组成，多个维表之间形成多维数据结构。星形结构的数据体现了空间的多维立方体，这种高度集中的数据为各种不同决策需求提供了有用的分析基础。

随着数据仓库的发展，OLAP 也得到了迅猛的发展。数据仓库侧重于存储和管理面向决策主题的数据，而 OLAP 则侧重于数据仓库中数据的分析，并将其转换成辅助决策信息。OLAP 的一个重要特点是多维数据分析，这与数据仓库的多维数据组织正好形成相互结合、相互补充的关系。

以数据仓库和 OLAP 相结合建立的辅助决策系统是决策支持系统的新形势，更好地促进了决策支持系统的发展。

（四）遗传算法

与人工神经网络的理论基础相似，遗传算法（Genetic Algorithm，GA）也是基于生物学理论的。ANN 的根基是神经系统科学，而 GA 不同，它植根于达尔文"自然选择和适应"的进化论。

遗传算法是一项非常简洁，但是功能强大的优化技术。它源自遗传学和自然选择理论，最初是在 20 世纪 40 年代由 MIT 的 John Holland 提出的。GA 的本质是一系列模拟"适者生存"概念的适应过程，具体说就是根据计算出的网络猜测值和要求的方案状态之间的差异，对计算法则进行不断的重组。

在遗传算法中，双亲配对产生后代之后，由于基因的不同组合方式，必然有后代结合了双亲的最优特质，通过代代的繁衍，这种适应能力不断得到加强，也就是针对问题得到了更好的解决方案。遗传算法相较于人工神经网络的最大优势在于它可以根据行为准则进行各种复杂类型的组合。

遗传算法以群体中的所有个体为操作对象，每个个体对应研究问题的一个解。选择、交叉和变异是遗传算法的三个主要操作算子，包括编码、初始群体生成、适应度评估、选择、交叉和变异 6 个基本要素。

（五）群决策支持系统

群决策支持系统（Group Decision Support System，GDSS）是一种基于计算机的交互式系统，它通过辅助群决策者的群决策过程，来解决特定领域的半结构化或非结构化问题。群决策支持系统最关键的特征就是它以帮助多人参与的决策为目标。典型的 GDSS 由硬件资源、软件资源和决策者三部分组成。其中，硬件资源是指各决策者独立使用的工作站（或终端）、共享使用的外部数据库、模型库及 I/O 设备等硬件资源，还包括整个 GDSS 基于的通信网络；软件资源包括在各决策者的工作站（或终端）上运行的决策支持软件、支撑 GDSS 的底层软件（如 DBMS、MBMS）及网络软件；决策者不仅包括参与决策的人员，还包括决策过程的协调人员。

(六) 综合决策支持系统

以模型库为主体的决策支持系统已经发展了十几年，它对计算机辅助决策起到了很大的推动作用。数据仓库和 OLAP 新技术为决策支持系统开辟了新途径。数据仓库与 OLAP 都是数据驱动的，这些新技术和传统的模型库对决策的支持是两种不同的形式，它们可以相互补充。在 OLAP 中加入模型库，将会极大提高 OLAP 的分析能力。

20 世纪 90 年代中期从人工智能、机器学习中发展起来的数据开采，是从数据库、数据仓库中挖掘有用的知识，其知识的形式有产生式规则、决策树、数据集、公式等。对知识进行推理即形成智能模型，它是以定性分析方式辅助决策的。数据开采的方法和技术包括决策树方法、神经网络方法、覆盖正例排斥反例方法、粗集方法、概念树方法、遗传算法、公式发现、统计分析方法、模糊论方法、可视化技术等。

把数据仓库、OLAP、数据开采、模型库结合起来形成的综合决策支持系统（Compound Decision Support System，CDSS），是更高级形式的决策支持系统。它们彼此相互补充、相互依赖，发挥各自的辅助决策优势，以实现更有效的辅助决策。

综合体系结构包括三个主体：第一个主体是模型库系统和数据库系统的结合，它是决策支持的基础，为决策问题提供定量分析（模型计算）的辅助决策信息；第二个主体是数据仓库与 OLAP 的结合，它从数据仓库中提取综合数据和信息，这些数据和信息反映了大量数据的内在本质；第三个主体是专家系统和数据开采的结合，数据开采从数据库和数据仓库中挖掘知识，并将其放入专家系统的知识库中，由进行知识推理的专家系统定性分析辅助决策。

综合体系结构的三个主体既相互补充又相互结合。可以根据实际问题的规模和复杂程度决定是采用单个主体辅助决策，还是采用两个或三个主体相互结合的辅助决策。利用第一个主体的辅助决策系统就是传统意义上的决策支持系统，利用第一个主体和第三个主体相结合的辅助决策系统就是智能决策支持系统，利用第二个主体的辅助决策系统就是新的决策支持系统。在 OLAP 中利用模型库的有关模型，可以提高 OLAP 的数据分析能力。将三个主体结合起来，即利用"问题综合和交互系统"部件集合形成的综合决策支持系统是一种更高形式的辅助决策系统，其辅助决策能力将上一个新台阶。由于这种形式的决策支持系统包含了众多的关键技术，研制过程中将要克服很多困难，这也是今后努力的方向。

三、运输决策支持系统

决策支持系统概念提出的 20 多年来，随着决策理论、信息技术、数据库技术、办公自动化、专家系统等相关技术的发展，取得了长足的进展，在许多领域得到应用，已成为许多行业经营管理中一个不可缺少的现代化支持工具。

Excel 内置许多数学模型，对于日常的管理工作非常有用处。Excel 部分数学模型有：

（1）方差分析：包括单因素方差分析、重复的双因素方差分析和无重复的双因素方差分析；

（2）相关系数和协方差：是描述两个测量值变量之间的离散程度的指标；

（3）描述统计：用于生成数据源区域中数据的单变量统计分析报表，提供有关数据趋中性和易变性的信息；

（4）指数平滑：基于前期预测值导出相应的新预测值，并修正前期预测值的误差；

（5）F-检验双样本方差：对两个样本总体的方差进行比较；

（6）直方图：可计算数据单元格区域和数据接收区间的单个和累积频率，此工具可用于统计数据集中某个数值出现的次数；

（7）移动平均：可以基于特定的过去某段时期中变量的平均值，对未来值进行预测，提供了由所有历史数据的简单的平均值所代表的趋势信息，可以预测销售量、库存或其他趋势；

（8）随机数发生器：可用几个分布中的一个产生的独立随机数来填充某个区域，可以通过概率分布来表示总体中的主体特征；

（9）排位与百分比排位：可以产生一个数据表，在其中包含数据集中各个数值的顺序排位和百分比排位，用来分析数据集中各数值间的相对位置关系；

（10）其他还有回归分析、抽样分析、傅里叶分析、Z-检验，等等。

第六章 智能运输系统

第一节 智能运输系统（ITS）

一、ITS 概念

交通运输的发展促进了社会经济快速发展，经济的快速增长又促使汽车数量的急剧增加，这一循环发展到 20 世纪六七十年代，导致了许多大中城市已有的道路远不能满足交通发展需要的局面，交通供求关系日益恶化、交通事故急剧增长、交通阻塞普遍存在、环境污染日益严重。为了改善交通系统供求矛盾，人们进行了多种尝试：首先是增加道路供给，通过新建道路来缓解交通系统供需矛盾，经过长期的实践与广泛的研究发现，单单依靠修建更多的道路，扩大路网规模这种外延发展的途径来解决日益增长的交通需求问题并不是很有效，增加道路供给最终要受制于城市有限的土地资源。除了新建道路，人们在交通管理和交通工程中也不断的尝试了许多新方法来提高道路的通行能力，例如，改进道路信号控制、采用道路可变信号、在交通高峰期改变车道的方向等措施和方法。事实证明，这在一定程度上缓解了交通拥挤状况，但是，这些方法实施的规则是针对预先建立的日常重复的交通模式，并不能对交通阻塞做出实时的动态反应，也不能根据具体情况迅速改变交通处理方案。随着计算机技术、信息技术、通信技术、电子控制技术、传感器技术等的飞速发展，人们意识到利用这些新技术把车辆、道路、使用者紧密结合起来，不仅能够有效地解决交通阻塞问题，而且对交通事故的应急处理、环境的保护、能源的节约等都有显著的效果。于是，人们充分利用系统的观点，对运输系统进行重新审视，采用高新技术来改造现有道路运输系统及其管理体系，走内涵发展的道路，通过提高现有交通系统利用效率来改善交通系统供求矛盾。

我国学者从 20 世纪 90 年代初开始关注国际上 ITS 的发展，并且参加了 ITS 世界会议的指导委员会和国际标准化组织的部分工作，并从 1995 年开始组织代表团参加 ITS 世界会议，ITS 的研究、试验、国际交流活动日益频繁。1999 年 11 月国家批准在交通部公路科学研究所组建国家智能交通系统工程技术研究中心（National Intelligent Transport Systems Center of Engineering and Technology，ITSC），ITS 研究得以全面开展。

尽管 ITS 的研究已经广泛深入地进行，ITS 的应用也在普遍推广，但智能运输系统目前尚无公认的定义。

中国 ITS 体系框架研究报告中对 ITS 给出了如下定义：在较完善的基础设施（包括道路、港口、机场和通信等）之上，将先进的信息技术、通信技术、控制技术、传感技术和系统综合技术有效地集成，并应用于地面运输系统，从而建立起大范围内发挥作用的、实时、准确、高效的运输系统。

智能运输系统是一种全方位、实时、准确、高效的综合运输系统，它是在较完善的道路设施基础上，将先进的科学理论和科学技术集成运用于道路交通运输的全过程，加强了车、路、人三者之间的联系，并且通过智能化地收集、分析交通数据，将经过处理的信息反馈给系统的操作者或驾驶员，使系统的操作者或驾驶员借助于这样的交通信息，迅速做出反应，从而使交通状况得到改善。智能运输系统强调的是系统性、实时性、信息交流的交互性以及服务的广泛性，与原来意义上的交通管理和交通工程有着本质的区别。

智能运输系统是利用高新技术对传统的运输系统进行改造而形成的一种信息化、智能化、社会化的新型运输系统。它使交通基础设施能发挥出最大的效能，提高服务质量；使社会能够高效地使用交通设施和能源，从而获得巨大的社会经济效益。主要表现在：提高交通的安全水平；减少阻塞，增加交通的机动性；降低汽车运输对环境的影响；提高道路网的通行能力和提高汽车运输生产率和经济效益。

二、ITS 的应用范围

随着 ITS 研究的不断深入，ITS 应用也逐步展开，到目前为止，ITS 的应用范围主要可分为：

①先进的交通信息服务系统（ATIS）。先进的交通信息服务系统是建立在完善的信息网络基础上的。利用交通信息采集设备以及人工方式获得各种交通信息，并通过传输设备传送到交通信息中心；交通信息中心得到这些信息后，经过处理，实时向交通参与者提供道路交通信息、公共交通信息、换乘信息、停车信息、气象信息等；出行者可以根据这些

信息确定自己的出行方式、选择路径。

②先进的交通管理系统（ATMS）。先进的交通管理系统面向交通管理者，通过对交通运输系统中的交通状况、交通事故、天气状况、交通环境等进行实时的数据采集和分析，对交通进行管理和控制。

③先进的公共交通系统（APTS）。先进的公共交通系统主要用来收集公共交通实时运行情况，实施公共交通优先通行措施。此外，通过向公共交通经营者提供基础数据，强化经营管理效率；通过向公共交通的使用者提供公共交通信息，提高公共交通利用率。

④先进的车辆控制系统（AVCS）。先进的车辆控制系统利用先进的传感、通信和自动控制技术，给驾驶员提供各种形式的驾驶安全保障措施。系统具有对障碍物的自动识别和报警、自动转向、报警，保持行驶安全距离、自动避撞等功能，并且目前还在不断努力研究开发车辆全自动驾驶功能。

⑤商用车管理系统（CVMS）。商用车管理系统通过接收各种交通信息，对商用车辆进行合理调度，包括为驾驶员提供路况信息、道路构造物（桥梁、隧道）信息、限度、危险路段信息等辅助驾驶员驾驶车辆，特别是对危险品运输车辆，提供全程跟踪监控、危险情况自动报警、自动求救等服务。

⑥电子收费系统（ETC）。电子收费系统通过与安装于车辆上的电子卡或电子标签进行通信，实现计算机自动收取道路通行费、运输费和停车费等，以减少使用现金带来的延误，提高道路通行能力和效率，同时电子收费系统可自动统计车辆数，可以作为交通信息的一种来源加以利用。

⑦紧急事件管理与救援系统（EMS）。紧急事件管理与救援系统主要利用多种技术手段对突发交通事故进行管理和救援，包括处理预案的生成、救援车辆的调度、现场处理与交通调度、事后恢复等。

三、ITS 发展现状

智能交通系统是当今世界上交通运输科技的前沿，由于其市场前景很好，不仅各国政府高度重视，各国的民间科研开发机构热情也很高，不惜投入巨资，这也从一个侧面反映了未来交通运输的发展方向。

第二节 ITS 体系框架

一、ITS 用户主体、服务主体与终端

ITS 服务主体与用户主体是服务与被服务的关系,确定了用户主体和服务主体,也就明确了 ITS 供需关系的双方,是 ITS 用户服务、用户子服务描述的前提与基础。ITS 终端是发送信息给系统内子系统或从子系统接收信息的外部实体,是系统与外部世界的连接,是 ITS 通信、控制等功能实现的必要前提,是 ITS 必不可少的重要组成部分。

(一) ITS 用户主体

ITS 用户主体是指接受 ITS 服务的一方,是 ITS 服务的对象。每一个用户服务或子服务都有相应的用户主体和服务主体。

在确定 ITS 用户主体时,一方面要考虑与国际接轨,需要参考 ISO 已经公布的相关标准;另一方面又要关注本国的实际情况,结合本国具体的交通现状、管理体制等因素。综合考虑以上两个方面,我国 ITS 体系框架中将用户主体分为六大类:道路使用者、道路建设者、交通管理者、运营管理者、公共安全负责部门、相关团体。

ITS 用户主体设计一般采用列表方法展现 ITS 用户主体。由于同一类型的用户主体对 ITS 信息服务的具体需求存在较大差别,所以对每种类型的用户主体又需要进行细分。

从细分的用户主体来看,ITS 用户主体可分为两种类型:法人用户主体和自然人用户主体。法人用户主体包含管理部门、研究机构和相关经营单位;自然人用户主体主要是各类出行者。法人用户主体随不同区域交通管理体制的差异以及区域综合交通体系的特点而有所不同,但不会导致区域 ITS 服务体系的功能变化;各区域自然人用户主体在类别上不存在差异,但数量上,随区域人口、地理位置、经济发展水平等因素的不同而变化。

(二) ITS 服务主体

ITS 服务主体是指提供 ITS 服务的一方。尽管国家 ITS 体系框架中按行业管理与经营活动来划分的 ITS 服务主体对人们理解 ITS 服务体系具有重要意义,但 ITS 服务范围广、环节多、关系复杂,ITS 服务活动需要不同主体的分工协作才能实现,在 ITS 及其子系统

究竟由谁来运营管理未确定之前，ITS 服务主体身份是难以确定的，即使予以确定，也仅仅只是理论上的 ITS 服务主体。在 ITS 实施中，实际的服务主体与理论上的服务主体会出现差异，可以从广义和狭义上来理解 ITS 服务主体。

1. 广义 ITS 服务主体

广义 ITS 服务主体是指 ITS 服务活动的参与者。从数据收集、处理、加工成 ITS 标准化服务信息，再通过选择一定的媒体向 ITS 用户提供信息服务，ITS 服务需要经历一系列环节，涉及众多的部门、单位，凡是参与 ITS 服务活动的部门、单位，都可以被视为广义的 ITS 服务主体。ITS 框架中的服务主体可以从广义 ITS 服务主体的角度来理解。

中国 ITS 体系框架根据用户需求分析的结果，按行业管理与经营活动来划分，最终将服务主体分为九个大类：交通管理、公共交通、交通信息服务、紧急救援、基础设施、货物运输、产品/设备制造、产品服务、政府执法部门。

2. 狭义 ITS 服务主体

狭义 ITS 服务主体是指依法设立，取得 ITS 服务资质，直接向用户提供 ITS 服务者。尽管 ITS 服务主体列表中的服务主体明确具体，但不难看出，部分服务主体在 ITS 实施中是较难承担起 ITS 用户服务职责的。一方面，从经济性来看，由某一管理部门或经营单位独立提供完整的 ITS 服务并不经济。这使得现行的交通管理部门、经营单位可能参与 ITS 服务部分环节的工作，但没有必要提供完整的 ITS 标准化信息服务。因而其中的部分管理部门、经营单位可能不对 ITS 用户提供直接的信息服务。另一方面，由于 ITS 信息服务所需要的数据不仅仅局限于某一个行业领域或经营单位，从而需要有专门的机构来进行协调、整合才能保证 ITS 信息服务功能的实现，因而也会使部分管理部门、经营单位不对 ITS 用户提供直接的信息服务。最后，部分 ITS 信息服务需要采用有偿方式提供，从而涉及 ITS 信息的知识产权问题以及在服务过程中因一方遭受损失而导致的经济纠纷问题，在法律上要求对 ITS 服务主体进行认定，需要明确遭受损失的直接原因所在，因而明确狭义的 ITS 服务主体十分必要。中国 ITS 体系框架中服务主体列表中的服务主体是 ITS 实施时可能的服务主体，真正直接为 ITS 用户提供服务的不一定必须是该列表中的全部服务主体。

狭义 ITS 服务主体设计可以通过功能设计方法，结合区域 ITS 发展战略，根据 ITS 信息处理与发布方式来确定。

ITS 的发展可以采用全面推进或分阶段逐步实施的发展战略，不同的发展战略必然导致区域 ITS 运营模式上的差异。ITS 服务体系中各服务子系统在 ITS 信息处理和发布方式方面也可以有不同的选择，从而形成 ITS 不同的运营模式。ITS 用户服务体系分为分布式、集中式和混合式三种运营模式。

在分布式 ITS 服务体系运营模式下,区域 ITS 服务系统中各服务子系统直接为用户提供信息服务,因而各服务子系统便是区域 ITS 的服务主体。

在集中式 ITS 服务体系运营模式下,区域 ITS 服务系统中各服务子系统仅仅完成基础数据的采集,不直接为用户提供信息服务,因而各服务子系统不能成为区域狭义的 ITS 服务主体。只有区域 ITS 运营机构直接为 ITS 用户提供信息服务,从而成为区域唯一的狭义 ITS 服务主体。

在混合式 ITS 服务体系运营模式下,区域 ITS 服务系统中部分服务子系统仅仅完成基础数据的采集,不直接为用户提供信息服务,因而该部分服务子系统不能成为区域狭义的 ITS 服务主体。只有区域 ITS 运营机构和另一部分服务子系统直接为 ITS 用户提供信息服务,从而成为区域狭义的 ITS 服务主体。

(三) 终端

终端限定了 ITS 的系统边界范围。终端定义的意义在于定义了每个终端的功能并确定了系统的边界,是构建逻辑框架与物理框架的前提。终端设计可以采用列表的方法产生终端定义表。

二、服务领域、用户服务和子服务

国家 ITS 体系框架用户服务体系分为服务领域、服务、子服务三个层次,对每一个用户服务或子服务都进行了详细的描述,并说明了其用户主体和服务主体。国家 ITS 体系框架中采用列表的方法来展示 ITS 用户服务领域、用户服务、子服务。该方法不仅可以展示区域 ITS 用户服务领域、用户服务、子服务,而且可以对用户服务领域、用户服务、子服务进行详细定义,简便清晰,能理顺各服务、子服务的关系,避免服务功能的交叉与重复,便于服务领域、用户服务、子服务的调整与扩充。

三、ITS 逻辑框架及物理框架设计

(一) 逻辑框架

1. ITS 逻辑框架设计的作用

ITS 逻辑框架描述了系统实现 ITS 用户服务所必须具有的逻辑功能和功能间的数据交

互关系。在逻辑框架的构建过程中不考虑具体的体制和技术因素，它只确定满足用户服务需求所必需的系统功能，而不管该功能由哪一个具体的部门实现以及如何实现。在 ITS 体系框架开发中，逻辑框架起到承前启后的作用，通过它实现了由用户服务到物理框架的合理转化。

2. 开发方法

ITS 逻辑框架的设计依据是 ITS 用户服务。ITS 逻辑框架开发可以采用比较通用的结构分析方法。逻辑框架建模采用"分解"与"抽象"的方法自顶向下逐步求精，将由用户服务和子服务转化过来的逻辑功能逐层分解，描述系统功能。从用户服务向具体的逻辑功能转化的过程中，由于每一个用户服务所包含的内容不一致，可能会将某些用户服务直接转化到逻辑功能的中间层次，这时就需要将该功能向下进行功能分解、向上进行功能整合。

在进行系统逻辑功能分解与整合的过程中，如果被分解的系统功能之间已经体现出了清晰的数据传递关系，则利用数据流图和数据字典描述功能间的数据交互和数据处理过程。

3. 主要内容

ITS 逻辑框架由逻辑功能层次表、逻辑功能元素定义、数据流图和数据流描述（数据字典）等四个主要部分组成。

功能层次表以层次列表的形式列出了 ITS 由功能域、功能和过程组成的三层逻辑元素体系，直观表示出了逻辑元素间的层次包含关系。逻辑功能元素定义是对逻辑功能层次表中的每一个逻辑功能元素进行简明扼要的描述和说明，明确界定其能够完成的功能。数据流图（DFD）说明了逻辑功能元素间的数据交互关系，描述了信息在系统中的流动和处理情况。数据流图是分层次的，编号采用国家框架的分层编号体系：逻辑顶层数据流图（DFD0）、各功能之间的数据流图（DFDX）。在数据流图中，数据流表示为一个从起点指向终点的有向箭头，箭头方向表示数据的流向，数据流箭线上的文字代表数据流名称；椭圆表示逻辑功能元素，其名称写在椭圆内；矩形表示系统终端；圆柱表示数据存储，用于保存需要存储的数据元素。数据流描述表对每一条数据流所包含的内容进行描述和说明，包括数据流名称、起点、终点和数据流描述。数据流是在系统逻辑功能元素之间以及功能元素和系统终端之间传递的信息，它代表着 ITS 中"运动的数据"。

（二）物理框架

1. 开发方法

物理框架是对系统逻辑功能的实体化、模型化，通过逻辑功能与物理实体间的映射给出实现用户服务所需功能的物理实体及实体间的互连关系，主要包括系统、子系统、系统模块、物理框架流等基本组成元素。系统的划分重点从便于系统实施的角度出发，并考虑现存管理体制、现有技术条件限制等因素，尽量保证与现行体制相一致。子系统是系统的细化，以实现地点、实际工作流程等为划分依据。系统模块是组成子系统的基础，由于子系统一般具有多个逻辑元素，因此对子系统所对应的逻辑元素，按照功能类似的原则进行组合，可得到系统模块。物理框架流是逻辑数据流的组合，是ITS系统内部、系统与其他系统联系的纽带，也是ITS标准建立的基础，据此可得到系统内部、系统与其他系统的接口界面，保证系统的兼容通用。

ITS物理框架的设计，将逻辑功能转化为能够实现该功能的物理系统模块，将逻辑功能间交互的数据流组合成物理系统模块间传递的框架流。在物理框架设计中综合考虑交通基础设施、通信基础设施以及相应的ITS应用系统和信息化系统的建设现状、现行管理体制等因素，在此基础上提出符合地域实际的ITS物理框架体系。

2. 主要内容

ITS物理框架主要内容包括：物理框架层次表、物理元素描述表、物理框架流表、物理框架流图、应用系统列表及应用系统分析等。其中，应用系统是物理框架中一个重要的组成部分，实现了物理框架与现实系统的对应和联系。

ITS物理框架的物理元素分为系统、子系统、系统模块三个层次，在物理框架中，用框架流图来直观表述各物理元素间的数据交互关系，每一个框架流图由物理元素和物理框架流组成。物理框架流描述了物理系统元素间的联系，给出了不同物理实体间的交互界面。框架流是在逻辑数据流的基础上得到的，是逻辑数据流的组合。通过框架流，把ITS物理系统各元素有机地整合在一起。由用户服务、逻辑框架、物理框架构成的ITS体系框架，为ITS服务体系、规划、实施计划等提供了依据。

第三节 ITS评价

一、ITS评价的意义、原则与程序

（一）ITS评价的意义

ITS评价的意义主要体现在以下四个方面：

1. 理解 ITS 产生的影响

评价 ITS 是为了能够更好地了解项目本身和与其相关的交通条件的改善之间的关系。对交通系统及其使用各方产生的影响以及 ITS 导致的社会、经济和环境的影响，综合起来构成了 ITS 评价的内容。对 ITS 产生的影响有一个更好的认识有助于将来其他 ITS 项目的实施。

2. 对 ITS 带来的效益进行量化

投资者决定要投资一个项目，就必须先对该项目所能带来的回报做到心中有数，ITS 评价为投资者决策提供了重要的定量分析的依据。

3. 帮助对将来的投资做出决定

ITS 评价所提供的信息可以帮助政府部门优化投资，同时也可以为将来项目的投资和 ITS 顺利发展创造必要的条件。

4. 对已有的系统优化其运作和设计

ITS 评价可以帮助已有的交通设施和交通系统识别需要改进的方向，从而使管理者和设计者能够更好地管理、调整、改进和优化系统运作和系统设计。

（二）ITS 评价的原则

ITS 评价应遵循下列原则：

（1）符合国家交通运输发展战略规划与投资的方针、政策以及有关法规；

（2）宏观经济分析与微观经济分析相结合，定量分析与定性分析相结合，短期影响评价与长期影响评价相结合；

（3）坚持综合效益为主的原则，从系统工程的角度来进行评价，既要考虑经济效益，又要考虑社会效益、环境影响和可持续发展，进行综合全面的评价；

（4）确保项目评价的客观性、科学性、公正性。

（三）ITS 评价的程序

ITS 评价是评价 ITS 项目本身对社会、经济和环境的影响。ITS 评价通过构建评价指标体系，确定相应的评价基准，选择合理的评价方法进行 ITS 项目评价。

二、ITS 评价的内容

（一）经济评价

对 ITS 系统的经济评价可以从几个层次上进行。首先，国家作为投资主体应考虑的问题是 ITS 产业的发展对国民经济的发展能产生哪些影响；其次，企业作为投资主体所要考虑的问题是 ITS 项目的投资是否能回收，回收期多长，收益率有多大等；最后，ITS 的另外一个投资主体——个人，即车主（ITS 系统需要车主投资购置相应的 ITS 车载设备），个人投资效果的评价与企业投资评价类似。

ITS 项目经济评价包括国民经济评价和财务评价两方面，国民经济评价是从国家整体的角度研究 ITS 项目对国民经济的净贡献，以判断 ITS 项目的合理性；财务评价是从 ITS 项目的财务角度，分析 ITS 项目的财务盈利能力和清偿能力，对 ITS 项目的财务可行性进行评价。

1. ITS 经济评价指标体系

ITS 经济评价指标体系如表 6-1 所示：

表 6-1　ITS 经济评价指标体系

目标层	准则层	指标层
经济评价	财务损益	财务内部收益率
		投资回收期
		财务净现值
	国民经济损益	波及效果
		投资乘数
		综合就业人数与就业率

2. 费用

进行 ITS 项目经济评价最重要的是对项目费用和效益的识别与计算。费用可分为直接费用和间接费用；直接费用是对交通服务提供者和用户而言的内部费用，包括系统设计费用、设备费用、设备安装费用、系统通信费用、程序管理费用、技术支持、公共信息、系统管理费；间接费用是项目实施造成的负面外部影响引起的费用。

3. 效益

效益包括直接效益和间接效益。直接效益即 ITS 对交通系统的效益；间接效益即 ITS 系统对周围的环境以及社会产生的效益，基本上可归结为以下几个方面：

①提高运行效率和通行能力。ITS 可通过增加交通系统的有效容量将现有设施的效率最优化，降低对基础设施改建与扩容的需要。

②提高系统机动性。许多 ITS 组分的主要目的就是减少出行时间，降低延误。延误有许多测量方法，可根据所研究的交通系统类型选择。系统的延误可依据每辆车的延误计算；货船的延误可根据超过预定到达时间的多少来确定。延误还可表现为驾驶员在实施项

目前后的停车次数。通过提高运行速度、改进事故响应、提供延误信息，ITS 可降低交通网络的出行时间变化。出行时间的变化包括从系统起点到终点的整个出行时间的变化，包括更换交通方式与中途停车。降低出行时间的可变性有助于出行者或公司制定计划、安排行程。

③提高用户的方便性和舒适性。

④提高安全性。交通系统的直接目的就是为出行提供一个安全的运行环境。某些 ITS 服务的目的是将碰撞风险降到最低，包括降低碰撞率与死亡率。

⑤降低能耗和环境保护费用。包括有害气体（CO、NO 和 HC）的排放水平以及节约的燃料消耗。

⑥提高个人、组织和整个经济系统的经济生产力。ITS 在传统的交通技术基础上加以改进，可以更大程度地降低运行费用，提高生产力。

⑦为 ITS 的发展创造外部环境。ITS 效益的估计可以采用定性估计，用有无对比法高、中、低三档定性评价效益的高低；也可以采用定量计算来进行估计，如在贴现率、时间价值、事故损失减少额、碰撞减少损失额等已知情况下，通过这些量化指标，将效益粗略量化。

4. 财务评价

财务评价是根据国家现行财税制度和价格体系，分析、计算投资者或项目直接发生的财务效益和费用，编制财务报表，计算评价指标，考察项目的盈利能力、清偿能力以及外汇平衡等财务状况，据以判别项目的财务与商业上的可行性。

对于企业投资者和个人投资者来说，投资的目的主要是获得利润，因此，项目财务评价的服务对象主要是具体的 ITS 项目的企业投资者。而对于国家投资来说，更注重整体效益，项目财务评价的内容主要包括经济效益分析和清偿能力分析。

5. 国民经济评价

国民经济评价是按照资源合理配置的原则，从国家整体角度考虑项目的效益和费用，用货物影子价格、影子工资、影子汇率和社会折现率等经济参数分析、计算项目对国民经济的净贡献，评价项目的经济合理性。这个定义规定了国民经济评价是计算项目对国民经济的净贡献。国民经济评价的服务对象是国家宏观决策，是为制定政策的人和做出决定的人分析 ITS 对国民经济带来的影响。对于国民经济评价来说，评价具体的收益指标意义并不大，最重要的是评价投资 ITS 项目将为国民经济产生多大的影响。

ITS 的国民经济评价主要来分析 ITS 系统的发展将对国民经济产生的总体影响，可以采用投入产出分析法。投入产出分析法是利用投入产出表及相关系数表进行产业关联及产业间相互影响分析的一种常用方法。ITS 作为一种高新技术产业，它的发展势必对其他相关产业造成一定的正面影响，带动其他产业的发展，从而拉动整个国民经济的发展。

投入产出分析大致可以分为两类：一类可叫作"结构分析"；另一类称为"因果分析"。

所谓"因果分析"就是把握产业之间的相互影响，因此，又叫作"波及效果分析"。具体到分析 ITS 产业与其相关产业的相互影响，我们可以从如下几个方面进行：

（1）投资乘数分析

投资乘数分析主要是分析项目投资的增长将对国民收入、税收、工资等指标产生的倍增作用。对 ITS 进行投资乘数分析是要确定 ITS 的投资对国民收入等的提高有多大影响。ITS 的国民经济评价投资乘数分析主要包括：

①净产品乘数效应分析。净产品乘数可理解为在现有产业结构条件下，某部门每增加 1 个单位最终产品，为整个国民经济带来的国民收入。

②最终产品乘数分析。最终产品乘数是指每一个部门单位最终产品需求所要求调入产品的数量。它表明不同产品部门最终产品需求量变化时，整个国民经济系统对调入产品在总量和结构方面的依赖程度。

（2）波及效果分析

所谓波及效果分析就是分析 ITS 系统的投资将对相关产业产生多大的带动作用。在投资 ITS 之前，了解其对国民经济各部门产生的影响，即由此引起的各产业部门的增产需要达到何种程度，无疑是非常必要的。对波及效果进行分析和计算，需要使用三个基本的工具：投入产出表、投入系数表、逆阵系数表。

（3）就业效果分析

分析、计算随着 ITS 产业投资的增长而最终需要投入的就业人数，包括直接需要和间接需要。

利用逆阵系数表可以计算随着各部门生产的增长而最终需要投入的就业人数，即综合就业系数：综合就业系数＝就业系数×逆阵系数。

其意义是：某一产业为进行 1 个单位的生产，在本产业部门和他产业部门也就是直接和间接地总共需要有多少人就业。

某产业就业系数＝该产业的就业人数/该产业的总产值

以上是对 ITS 各经济指标的描述与单项评价方法，如要得出经济指标的综合评价结果,可以首先确定各指标权重,再应用综合评价方法(如层次分析法、模糊综合评价法等)进行评价。

(二)技术评价

ITS 技术评价是从技术角度出发,通过对项目技术指标的分析和计算,从系统的功能和技术层面对智能交通运输系统的科学性、合理性、可发展性以及适用性和可实现性等方面进行综合的评价。

1. 技术评价的原则

ITS 技术评价应遵循以下基本原则:

(1)科学性

ITS 应建立在科学的原理和技术之上。因此,科学性是系统技术评价的首要原则。

(2)实用性

智能运输系统的建设应有明确的目的和功能需求,直接或间接地解决(或缓解)交通问题的实用性是其基本的要求。同时,系统的实用性还表现在系统适用性方面,如 ITS 及其子系统能否适应于中国(或特定城市)的实际情况(实际的交通情况和建设系统的条件)等。

(3)可测性

系统的评价将通过若干具体的指标体现。为了能清晰地对系统作出评价,所选取的评价指标必须是能够通过某些直接或是间接的方法得到定量的值。

(4)独立性

智能运输系统是一个复杂的、多层次、多因素的系统,其内部各层次、各因素之间相互影响、相互联系,为了能准确地评价系统特定的功能和技术,应避免评价指标的相互关联和重叠。

(5)可比性

可比性原则反映了系统及其评价指标的敏感性程度。所选用的评价指标应具有较高的敏感性,能客观地反映出不同方案下所取得的效果的差异,从而为提高系统的技术水平提供决策支持。

(6)整合性

此原则反映了系统及其子系统和技术间的匹配与协同程度,相关指标的选取应能反映这一原则要求。

(7) 扩展性

由于 ITS 广泛地集成了先进的高新技术，且系统庞大，因此，系统的兼容性和扩展性原则对于确保系统的可发展性具有极其重要的意义。

(8) 完备性

该原则体现了评价指标所反映的系统技术性能的全面性。评价指标体系中各个评价指标所评价的内容应尽可能地涵盖智能运输系统的各种属性，如方便、有效、经济、安全等。

2. 评价对象

ITS 的评价对象按技术领域加以划分。根据中国 ITS 框架研究大纲，智能运输系统的技术领域划分为以下几个部分：

(1) 通用技术平台

主要领域：通用地理信息平台与定位结合技术，环境和尾气排放管理。

(2) 通信信息

主要领域：出行前的信息服务、行驶中驾驶员信息服务、行驶中公共交通信息服务、路线诱导及导航。

(3) 车辆

主要内容：视野的扩展、自动车辆驾驶、纵向防撞、横向防撞、安全状况检测、碰撞前的保护措施和智能公路。与通信信息组协调考虑信息终端等车载设备的交叉问题。

(4) 运输管理

主要内容：商用车辆的管理、路边自动安全检测、商用车辆的车载安全监测、商用车辆的车队管理、公共交通管理、公共交通需求、共乘管理。可分为货物运输和旅客运输两个组成部分开展评价工作。

(5) 交通管理和规划

主要内容：交通控制、紧急事件管理、需求管理、交通法规的监督和执行、交通运输规划支持、基础设施的维护管理。物理结构考虑交通管理中心与其他中心的接口，如与道路、铁路、水运、航空管理中心接口。

(6) 电子收费

主要内容：电子交通交易等。

(7) 紧急事件和安全

主要内容：紧急情况的确认及个人安全、紧急车辆管理、危险品及事故的通告、出行安全、对易受袭击道路使用者的安全措施和智能枢纽。物理框架中，考虑紧急事件管理中心模型和对外接口。

（8）综合运输（枢纽）

主要内容：综合枢纽、多式联运管理。

（9）智能公路

主要对象：先进的车路信息与运行系统等。

3. ITS 技术评价体系

ITS 的技术评价主要可从两方面进行：基于体系结构各部分特征的系统性能评价，即定性分析为主的评价；基于 ITS 各部分系统设计的运行性能评价，即定性与定量结合的评价。系统性能评价包括：

（1）对 ITS 用户的支持

该指标是为了评价 ITS 体系结构的系统功能是否满足不同用户的需求。在中国的大部分城市，应充分考虑到自行车交通用户及公共交通用户的需求。

（2）系统的灵活性和可扩展性

该指标主要指体系结构在技术上是否具有灵活性和可扩展性。灵活性指体系结构对不同类型技术的兼容和限制程度。

（3）车辆性能

包括用户出行时间减少、用户安全性提高、非用户出行时间减少、非用户安全性提高等。

（4）系统功能的多级性

该指标用以衡量体系结构对每一市场包内和市场包间不同功能的支持能力。为达到系统功能多级性的目的，体系结构首先必须模式化，便于把不同的功能分配到体系结构中不同的领域。在评价系统功能的多级性时，可以从下列两个子指标进行评价：

①技术水平的兼容性：在体系结构的每一市场包内和市场包之间，结构功能能够兼容从低级到高级、差异变化大的各类技术。

②界面的标准化：为了鼓励 ITS 产品和服务的多级化，必须使得 ITS 的产品具有可互换性和兼容性，这使得界面的标准化显得至关重要。

（5）实施的递进性

该指标主要包含以下两方面：

①ITS 体系结构与现有设施的包容性和可协调性；

②随着 ITS 相关技术的进步，ITS 体系结构的可发展性。

运行性能评价包括：

1）交通预测模型的精确性

包括数据采集技术精度、预测数据处理和算法精度、对交通系统效益的影响。

2）交通监测和控制的效率

该指标是指体系结构中，交通管理子系统实时收集、处理和发布大量的出行方式和系统运行信息的能力，包含以下两个子指标：

第一，数据的收集和实时传输的能力；

第二，数据实时处理能力。

3）交通管理中心的效率

该指标是指交通管理中心之间的协调水平以及交通管理中心和其他相关的管理中心之间（如信息提供者、公共交通管理中心、紧急事故管理中心等）的协调和协作水平。

4）定位准确性

目前存在大量的定位技术，如 GPS 等，每种定位技术都有一定的误差，小到 1 米大到几十米。定位准确性就是衡量实际定位精度与期望定位要求的适应性。

5）信息传输方式的有效性

信息传输方式一般可以分为两种：有线通信和无线通信。由于有线通信相对于无线通信不存在传输容量的限制，也很少会发生传输障碍（除非线路被截断），所以评价的重点是无线通信方式。对于无线通信可以用下列主要指标进行评价：

第一，总流量；

第二，线路平均流量；

第三，线路延误统计。

6）通信系统容量的充分性

相对于预测需求的数据量，规划的通信系统能否满足系统容量的要求。

7）系统安全性能

该指标主要包含通信安全和数据库信息安全。

8）地图更新能力

该指标指 ITS 体系结构中，用户通过一些方式定期进行地图更新的便利性和快捷性。

9）系统可靠性和可维护性

系统的可靠性及可维护性指标主要指在体系结构内是否会出现一些风险，导致服务和系统性能的不稳定。这些风险通常发生在较为重要的系统管理中，如交通管理应用系统、车辆安全应用系统（AVSS）。在实际中可以通过好的设计来降低这种风险。

10）降级模式下的系统安全和可利用性

该指标主要指 ITS 体系结构中，在系统实施的过程中降级服务的能力。

在降级服务模式中，不仅有服务的降级，还有到达最终用户时错误信息的升级。当系统在降级模式中有毫无意义和错误的信息通过时，其运行的可靠性会有较大变化，结果可能导致服务丢失或影响服务设施的可靠性。

对 ITS 的技术评价是在单项评价的基础上，通过确定各个分项指标视其对项目的重要度给予一定的权重，由权重与所选定的多目标评价模型（如层次分析法、模糊综合评判法、灰色关联分析法等）计算综合技术评价效果，得出 ITS 综合技术评价结论。

（三）社会环境评价

ITS 项目社会评价是分析拟建项目对当地的影响和社会条件对 ITS 项目的适应性和可接受程度，评价项目的社会可行性。ITS 项目环境影响评价是对在某特定环境区域内，由于某项 ITS 项目的建设和运行，打破环境的原有构成，给该区域环境质量带来的影响所进行的分析和评估。ITS 项目的环境影响评价主要是评价对环境带来的正面效益。

1. 社会环境评价的特点

（1）宏观性和长期性

对项目的社会评价所依据的是社会发展目标，考察投资项目建设和运营后对实现社会发展目标的作用和影响。进行社会环境评价时，需认真考察与项目相关的各种正面、负面的影响因素。同时，社会环境评价是长期的，一般经济评价只要考察投资项目不超过 20 年的经济效果，而社会评价通常要考虑一个国家或地区中的远期发展规划和要求，短则几十年，多则上百年。

（2）难以定量化

社会发展目标是可以用货币定量的，而社会因素往往比较复杂，项目对这种目标的贡献与影响往往是难以量化的。因此社会评价以定性分析为主。

（3）目标复杂多样

社会评价需要从国家、地方、社区三个不同的层次进行分析，做到宏观分析与微观分析相结合。社会评价目标是多样的，需要综合考察社会生活各个领域与项目间的相互关系和影响。

2. 社会评价原则

（1）客观性原则

为准确、全面地反映项目的效益水平，社会分析必须保持客观、科学。

（2）全面评价原则

应兼顾系统内外因素，用动态、发展和变化的观点来看待事物和事物变化规律。

（3）定性与定量结合原则

由于项目的社会环境分析涉及范围广、内容繁杂、难度大，因此应尽可能将定性指标定量化，尽可能多地采用定量分析。

3. 评价指标体系

根据ITS项目对社会环境、社会经济、自然与生态环境和自然资源四个方面的影响，构建ITS项目社会环境评价指标体系。

4. 评价方法

ITS项目的社会环境因素多而复杂，许多指标很难量化，因此定性分析方法在社会环境评价中占有很重要的地位。常用的定性分析方法有有无对比法、排序打分法等。

（四）风险分析

风险是达到一个基准目标的不确定性。基准目标可以是一项技术标准，也可以是一个系统目标。风险分析就是运用概率统计和迭代分析的方法，对系统、建设、管理、使用过程中的可能潜在问题进行分析，进而评估风险大小，并寻找降低风险的措施。

ITS是一个大系统工程问题，ITS的研究、建设、管理和使用既要采用先进的技术，又要耗费巨大资金和相当长的时间。风险分析是确定阻碍ITS应用的重大风险，并提出建议以消除或降低项目的风险。风险分析是一项复杂的工作，要求考虑许多潜在问题，这些问题将带来严重的风险且很难量化。实现ITS目标的风险是ITS规划和设计中必须要考虑的问题。

1. 风险分析目的

（1）辨识具有潜在问题的领域。

（2）量化与这些潜在问题有关的风险。

（3）评估这些风险影响的大小。

（4）寻找降低风险的措施。

2. 风险分析步骤

与其他系统工程风险分析一样，ITS 系统风险分析可分为三步：

第一步，辨识潜在的风险项目，即判断所研究开发的 ITS 项目中，哪些方面存在问题；

第二步，定量估计风险，并将风险项目分类（一般分为低风险、中风险和高风险三种），以确定其中的关键项目；

第三步，确定各种降低风险的途径。

3. 风险分类

我们一般依据风险因子的大小进行风险分类。风险因子是一个涵盖两个相互影响变量的变量，一个是失败的概率（P_f），一个是失败造成的后果（C_f）。因而，风险因子为：

$$RF = P_f + C_f - P_f \times C_f$$

当 $RF < 0.3$ 时为低风险。此风险是可以辨识并能对其影响进行监控的风险。这种风险发生概率较低，起因也无关紧要，一般可以通过设计部门进行正常监控。

当 $0.3 \leq RF \leq 0.7$ 时为中等风险。中等风险是可以辨识的，这种风险将对系统的技术性能、费用和进度产生重大影响，发生概率较高，需要对其进行严密的监视和控制，应当在各个阶段进行关注和控制，并采取必要的措施降低风险。

当 $RF > 0.7$ 时为高风险。这种风险发生概率很高，后果将对系统工程全局有重大影响。这种风险只能允许在 ITS 研制的方案阶段或初步设计阶段存在。必须严密监视每一个高风险领域，同时采取切实有效的措施降低风险，并进行定期报告和评审。

4. 风险辨识

风险辨识的任务是要确定整个 ITS 工程系统中有潜在问题的项目，明确在所研制的子系统中哪些地方有风险、引起这些风险的主要因素是什么、这些风险造成的后果如何，在 ITS 的寿命周期内，在计划、技术、试验、建设、工程、管理领域中总是存在一定的风险。计划风险包括资金、进度、合同履行等风险。技术风险包括可能采用的新技术和新性能方面的风险，同时还涉及设计概念的可行性，采用新产品和新软件带来的风险等。试验、建设风险包括采用新标准、新方法、新工艺、新材料等方面的风险。工程风险主要与可靠性、维修性、安全性等方面的风险有关。管理领域的风险主要在于采用新组织、新标准和新目标引起的风险。因此在进行 ITS 风险辨识时，应当从任何一个能辨认出潜在问题的信息源中进行风险辨识。这些信息源包括：类似工程经验与教训、技术和规范文件、技术性能分析、进度计划与可能、寿命周期费用分析等。在进行具体分析时，应对 ITS 系统工程的所有方面进行评估，以发现其潜在的风险。风险辨识通常可以通过工作分解结构进行逐项辨识，在此基础上采用Delphi法进行专家调查分析。

5. 风险估计

风险估计就是对风险进行定量分析，确定所研究系统的风险大小。风险评估包括技术、进度、费用风险评估和失败后果评估四部分。

技术风险RF_t与成熟性、复杂性和其他相关因子有关。成熟性因子包括硬件因子Pm_s、软件因子Pc_h，复杂性因子包括硬件因子Pc_s、软件因子相关因子用P_d表示。对上述五个特征因子取平均值即可得到RF_t。

$$RF_t = (Pm_h + Pm_s + Pc_h + Pc_s + P_d)/5$$

式中 Pm_h——与硬件成熟度有关的失败概率；

Pm_s——与软件成熟度有关的失败概率；

Pc_h——与硬件复杂度有关的失败概率；

P_d——与软件复杂度有关的失败概率；

Pc_s——与其他项目相关程度有关的失败概率。

进度风险Rf_s的大小与技术风险、计划合理性、资源充分性、人员经验、供应商信誉和项目管理水平有关。设进度风险因子为Rf_s，则

$$Rf_s = (Rs_t + Rs_s + Rs_c + Rs_p + Rs_v + Rs_m)/6$$

式中 Rs_t 技术风险影响因子；

Rs_s——计划合理性因子；

Rs_c——资源充分性因子；

Rs_p——项目人员经验因子；

Rs_v——供应商状况影响因子；

Rs_m——企业管理状况影响因子。

费用风险取决于系统任务要求的明确性、技术风险对费用的影响、成本预算准确性影响、工程项目合同类别、合同报价状况等。费用风险因子为RF_c，则

$$RF_c = (Rc_r + Rc_t + Rc_s + Rc_c + Rc_n + Rc_b)/6$$

式中 Rc_r——任务要求明确性因子；

Rc_t——技术风险影响因子；

Rc_s——进度风险影响因子；

Rc_c——成本预算准确性因子；

Rc_n——合同类型影响因子;

Rc_b——合同报价影响因子。

系统的技术风险、进度风险、费用风险都会对系统造成影响。设失败后果概率因子为C_f,则:

$$C_f = (C_t + C_r + C_c)/3$$

式中 C_t——由技术因素引起的失败后果;

C_s——由进度因素引起的失败后果;

C_c——由费用因素引起的失败后果。

6. 风险管理

风险管理的主要任务是采取控制和降低风险的技术与方法,使风险降低到可以接受的程度。常用的降低和控制风险的技术有:回避风险、控制风险、承担风险和转移风险。ITS这样的大型复杂系统工程风险主要取决于系统任务的明确性、技术风险、进度风险和费用风险。所以,减少ITS系统工程风险的途径在于:

①及早明确系统工程任务要求

在ITS系统建设过程中,及早明确系统工程任务主要要注意以下几点:

1)系统工程任务要求完全确定的时间不能晚于方案设计阶段结束的时间;

2)使用部门必须以工作说明和技术要求提出明确的任务要求;

3)主要任务要求或设计要求应当以可以度量的参数形式加以描述;

4)各项技术要求要以系统规范、分系统规范、部件规范等文件形式加以确定;

5)主要建设和生产单位有责任保证使分承包单位获得完整的、确定的技术要求。

②减少技术风险

技术风险的减少一方面要控制风险大小,另一方面要采取减低风险的措施。控制系统工程项目的进度风险,就是在各种项目设计中,采用新技术和新产品要遵循以下准则:

1)尽可能采用现有的并证明有效的技术和产品;

2)只有在确认新技术和新产品成熟后才能采用;

3)在采用某些重大新技术方案时,考虑后备方案。

如果采用的新技术中包含有中等或高等风险,则要根据风险级别高低确定减少风险的途径。主要方法有:

第一,着手进行平行的研制工作;

第二,进行广泛的发展试验;

第三，进行仿真研究，作出性能预测；

第四，请有关专家进行评审设计；

第五，加强研制过程的评审和管理。

③减少进度风险

减少 ITS 工程项目的进度风险的主要措施有：

1）不允许在研制阶段存在技术性能属高风险的项目，中等风险的项目也要尽可能减少；

2）合理安排工程的进度计划，且应留有余地；

3）保证用于工程项目的资源是充分的、可供使用的；

4）参与项目的工作人员，尤其是关键部门人员应该具有类似的工作经验；

5）选择管理水平高、信誉好的企业作为供货商；

6）采用科学的决策方法和管理方法。

④减少费用风险

减少 ITS 系统工程费用风险，可以采取的措施有：

1）根据实际情况，合理预测费用，并提出预期的投资总量；

2）合理分配各阶段资金，防止研制早期阶段投资不足引起的费用风险，同时防止实际拨款推迟后引起进度拖延；

3）根据工程系统的风险辨识和风险评估，合理预测风险费用，并把风险费用包括在总费用之内；

4）在签订研制或建设合同时，必须明确项目任务要求，并以量化参数提出；

5）用多种方法合理估算系统工程费用，在研制过程中不断进行修正；

6）根据风险状况确定合同类型；

7）在投标过程中，合同报价应该与预测的研制费用基本一致。

（五）ITS 项目综合评价

ITS 项目综合评价是在进行技术、经济、社会环境评价以及风险分析的基础上，对各方面评价结果（包括评价指标、评价方法等）进行汇总，全面、综合地评价 ITS 项目，为项目可行性研究、方案选择以及决策提供依据。

综合评价包括单项评价指标权重的确定、评价结果的综合分析两部分内容。首先，单项评价指标权重的确定主要是采用 Delphi 法给出技术、经济、社会环境、风险四部分结果的权重值，然后，基于各权重值利用模糊综合评判等方法进行 ITS 项目的综合评价，并得出最终的 ITS 项目评价结果。

第四节 ITS 保障机制

一、政策保障

在我国交通领域分块式的行政管理体制下，政府的政策引导、协调作用对发展 ITS 至关重要，ITS 政策保障就是要求政府和交通管理部门制定能满足 ITS 发展所需要的相关政策。ITS 发展需要的政策保障包括政策的适宜性、政策的连贯性、政策执行情况的分析等内容。

（一）政策的适宜性

政策的适宜性主要分析政府、主管部门制定的相关政策对发展 ITS 起促进或妨碍作用，现行政策能否满足发展 ITS 的政策环境需求。政策的适宜性主要分析土地使用、资金支持、税收优惠、部门间协调、人才吸引、宣传引导等政策能否满足 ITS 发展的需要。

（二）政策的连贯性

政策的连贯性主要分析政府、主管部门制定的相关政策的效力期限长短，包括政策稳定性、政策继承性等方面的分析。政策稳定性、政策继承性反映政策的形成机制以及政策制定、政策管理的水平，是分析 ITS 发展可能遭受的政策环境变化影响的重要方面。ITS 是一个动态系统，不仅需要政府现行政策的支持，还需要把握政策前景，从现行政策中能预见可获得的新政策的支持。ITS 需要巨大的资金投入，投资回收期长，因此，政策的连贯性是 ITS 发展的重要保障。

（三）政策执行情况

政策执行情况主要分析政府、主管部门制定的相关政策能否真正贯彻执行，反映各级执行机构内部相互间的协调性以及对待政策的严肃性。ITS 的发展不仅仅需要政府、主管部门制定出有利于 ITS 发展的政策，更重要的是需要把这些政策不折不扣地贯彻落实，ITS 的发展需要对政策执行情况进行分析。

二、经济保障

ITS 的发展需要强大的经济支持，要求从经济发展现状出发，分析发展 ITS 是否具备必要经济条件。ITS 发展的经济保障包括经济发展水平、经济发展阶段、产业结构等内容。

（一）经济发展水平

经济发展水平是经济发展程度高低的一种客观反应，是制定 ITS 发展战略的必要基础。经济发展水平的度量，通常使用的主要指标有国内生产总值（GDP）或国民生产总值（GNP）。也可以通过计算综合指数来衡量，如用建立在经济规模、经济增长活力、区域自我发展能力、工业结构比重、结构转化条件、人口文化素质、技术水平指数、城市化水平指数、居民生活质量指标基础之上，通过几何平均法合成得到一个综合评价指标，即地区经济社会发展水平综合指数来衡量区域经济发展水平。经济保障主要分析区域经济能否提供发展 ITS 必要的经济支持，决定了 ITS 发展的可行性。

（二）经济发展阶段

通过对经济发展阶段的分析，了解经济发展的客观趋势和内在规律，有助于明确一定时期特定经济发展特点、方向、目标和任务，从而为制定正确的 ITS 发展战略提供科学的决策依据，确保 ITS 与经济的发展形成相互促进的良好关系。

（三）产业结构

通过分析产业结构现状与发展趋势，明确 ITS 的相关产业发展能否支持 ITS 的发展，以及 ITS 的发展能否合理引导产业结构的优化。

三、技术保障

ITS 是一个多种技术高度集成的系统，对技术依赖度高，没有可靠的技术保障，ITS 的功能难以实现。同时，技术又是发展变化的，要求在发展 ITS 时，认真分析 ITS 技术发展趋势，以免造成 ITS 发展过程中不必要的浪费。

（一）技术的先进性

ITS 是多种先进技术的综合应用，离开先进技术的支持，ITS 的发展将举步维艰。

（二）技术完备性

ITS 需要多种技术的有效融合，某一领域或某一环节的技术薄弱都可能对 ITS 的发展产生严重的制约。

（三）技术适应性

ITS 技术适应性主要分析 ITS 的技术选择是否适应各区域自然条件的特点，设备的容量能否满足 ITS 发展的需要。

四、社会文化环境保障

ITS 的发展离不开一定的社会文化环境，它们相互依存、相互影响。社会文化环境对 ITS 的影响表现在两个方面：一是促进 ITS 发展，二是阻碍 ITS 发展。一般而言，ITS 发展若与社会文化环境相适应，那么社会文化环境就会促进区域 ITS 的发展，反之则阻碍 ITS 的发展。

社会文化主要涉及价值观念、风俗习惯等方面。价值观念是人们对事物的评价体系，不同的文化背景有不同的价值观念，因而判断是非的标准有很大差别。风俗习惯是民族哲学观念在人们生活中的体现。社会文化直接影响 ITS 的认同度、满意度、消费理念和消费偏好，通过对社会文化环境的分析，以明确 ITS 推进策略和 ITS 服务定位。

第七章 "互联网+交通运输"未来发展的思考

第一节 车联网的当下与未来

一、世界车联网的当下

受到目前科研技术发展水平的限制,各国互联网巨头仍然把布局车联网产业的重点放在更有趣、更有用的信息提供方面,使车辆与智能交通平台联网,实现导航、救援、信息服务等功能,这就是主动管理阶段的主要内容。

目前,国内外进入车联网市场的巨头中,苹果、谷歌、百度分别推出 CarPlay, Android Auto 和 CarNet,主要目的在于提高驾驶过程中的舒适度;特斯拉最初立足于人车交互,减少车内实体按钮、优化交互,现在也开始做智能驾驶;OBD 类设备、车载导航、行车记录仪等设备同样专注于智能驾驶辅助;高德地图召开了战略发布会,确定了未来会回归车载导航,从导航切入车联网。

近几年,各大互联网巨头纷纷布局车联网业,车联网更是为创业者们所津津乐道。不可否认,目前车联网所能提供的服务确实能提高车主们的出行体验,使出行更为便捷和有趣,但是这些功能离车联网发展的第三个阶段——人、车、路协同还有很远的距离。不难发现,车联网在发展到人、车、路协同阶段之前,其所能赋予的用户体验有很强的可替代性,因此,沿着既有轨迹布局下去的车联网业,离蓬勃发展尚有不小的距离。那么,车联网的未来,人、车、路协同阶段究竟能给人们带来怎样的极致体验呢?

二、国内车联网的当下:一个新的商业战场

近几年,国内车联网新增产业不断:百度与汽车厂商进行车联网合作、上海汽车集团股份有限公司(以下简称上汽集团)宣布和阿里巴巴牵手打造互联网汽车、乐视与北京汽车股份有限公司(以下简称北汽集团)推出互联网智能汽车计划等,加上苹果、谷歌、特

斯拉、宝马、奥迪等知名厂商均宣布开展无人驾驶汽车的研发项目。让人们不禁猜想，车联网的春风到来了吗？毫无疑问，在未来车联网一定会引爆一个新的产业，但这一产业远未到风起云涌的时刻。

依据产业生命周期理论，判断一个新兴产业进入快速发展阶段，要具备三大要素：

第一，从技术到市场，已基本形成较为完善的商业模式。企业开始懂得如何以此拓展业务获取商业收益，市场消费者开始享受产业变革带来的价值。

第二，在产业的核心资源控制上，上下游产业链开始形成自己的定位，核心资源不断向创新企业聚集。

第三，行业配套设施开始不断完善，技术和产业共同的标准基本确立。

目前，车联网商业模式还未完全成型，各大巨头各行其是，都希望占据该市场的主导权，盈利更是尚有时日。

（一）商业模式：还处于混沌的拓荒阶段

按照前文所述车联网产业技术创新战略联盟对车联网的定义：车联网是能够实现智能化交通管理、智能化动态信息服务和智能化车辆控制的一体化网络。综观目前的车联网市场，可以发现这里所说的一体化网络仍处于构想阶段。且不说技术和产品尚未成熟，其最为核心的商业模式也才处于探索期。以三大巨头百度、阿里巴巴、腾讯为代表的互联网企业，其核心商业模式为轻资产模式，即"人+机（数据库）+虚拟空间"模式。但是对于重资产特征非常明显的传统整车企业，往往一个产品的开发和生产线建设都要耗费数十亿元的资金。由此可见，车联网产业技术创新战略联盟对车联网的定义具有明显的缺陷。

如何创新地完善真正属于车联网的互联网重资产模式，融合和打通互联网企业和汽车上下游产业链，仍是未来车联网亟需回答的问题。

（二）核心资源掌控：仍有打不开的死结

大型的汽车企业可能有着百年的技术积累，各家汽车企业投入巨大的资金和研发人力，建立了各种强大的技术和产品壁垒。这自然使得整车企业与互联网结合的过程中，谨小慎微地保护着自己的技术和数据资源，以避免沦为互联网企业的"管道"。

没有哪个整车企业愿意让出自身的核心资源，包括最为重要的整车数据和芯片端口环节，在车企与互联网企业构建车联网的过程中，这是横亘在两大产业之间的巨大鸿沟。

（三）配套设施和共同产业标准：还是大片的空白

实现车联网标准通信协议的真正统一尚需一段时日，并且不能仅仅依靠互联网和传统汽车企业。

全球统一行业标准是产业面临的另一大难题。苹果、微软和谷歌三大巨头正在不断利用自己的技术优势，试图建立能够自己掌控的产业标准，但从目前的推进来看，举步维艰。目前，国内车联网也面临同样甚至更严重的问题，国内车联网行业发展的政策、法规及标准几乎处于空白状态。

三、车联网的未来：无人驾驶

随着智能控制技术、通信技术在汽车领域的广泛应用，具有高度智能化水平的无人驾驶汽车得到了飞速发展。与传统汽车相比，无人驾驶汽车减轻了司机操纵汽车的劳动强度，降低了司机不规范操作和误操作对汽车运行安全性的影响，无疑提高了汽车乘坐的舒适性，在某种程度上也提高了汽车行驶的安全性。如果无人驾驶得以实现甚至只是部分实现，那么车联网的发展就已经达到了人、车、路协同阶段的要求，即实现道路行车安全预警、交通优化。我们可以想象，无人驾驶汽车在未来某些特定场合将取代传统汽车成为汽车发展的主要方向。

（一）无人驾驶的发展历程

在汽车业内看来，汽车智能化是一个渐进的过程，首先是各种智能辅助系统的引入，使汽车能完成某些特定的"自动驾驶"动作，比如变道、超车等，这些单一化的动作，通过该系统变得更加智能化，而这种智能驾驶的终极阶段会发展到无人驾驶。

无人驾驶汽车还很初级，谷歌希望无人驾驶汽车可以尽可能地适应不同的使用场景，只要按一下按钮，就能把用户送到目的地。

（二）车联网系统如何作用于无人驾驶技术

毫无疑问，车联网技术的发展，将促进无人驾驶汽车的发展，这主要依赖于车联网系统如何作用于无人驾驶技术。对于无人驾驶汽车来说，车辆对环境信息的识别，将直接影响车辆对行驶状态的判断及控制，主要包括以下两个方面。

1. 车辆与道路基础设施之间的信息交换（V2I）

向当前的道路交通信号系统植入无线数字传输模块后，该模块可以向行驶过程中遇到的汽车发放数字化交通灯信息、路况信息、指示信息，并接受联网汽车的信息查询及导航请求，再将有关信息反馈给相关联网汽车。将无线数字传输模块植入到联网汽车中，联网汽车可以接收并显示来自交通信号系统的数字化信息，同时将信息与车内的自动驾驶系统相连接，作为汽车自动驾驶的控制信号。

联网汽车的显示终端可以作为城市道路交通导航系统，在这个车联网系统中，将不再需要独立的车载卫星导航设备。相比于卫星导航，数字化交通系统给出的导航信息具有更快、更新、更全面的导航功能。另外，联网汽车的数字传输模块包含联网汽车的身份代码信息，这就是交通管理部门所说的"数字车牌"信息，是车联网对汽车进行通信、监测、收费及管理的依据。

2. 车辆与车辆之间的信息交换（V2V）

在联网汽车内植入无线数字传输模块，数字传输模块可以向周边联网汽车提供数字化交通灯信号信息及状态信息，且数字化信息与传统交通灯信号信息是同步发送的。联网汽车中的无线数字传输模块可同步接收来自其他联网汽车的数字化信息并在汽车内进行显示，同时将信息与车内的自动驾驶系统相连，为联网汽车的安全行驶提供依据。根据接收到的由其他联网汽车发送的数字信息，联网汽车便会知道周边联网汽车的状况，包括位置、距离、相对速度及加速度等，在紧急刹车的情况下，可令随后的联网汽车同步减速，有效防止汽车追尾事故的发生。

四、无人驾驶——危机重重，但仍值得期待

如果认为无人驾驶仅仅就是精度达到多少和能跑多快，那就把这项技术想得太简单了。虽然目前无人驾驶离现实生活还有段距离，但这注定是汽车产业发展的趋势，总有一天它会走进我们的生活，穿梭于大街小巷。在这一天到来之前，我们先来弄清楚为什么会出现无人驾驶汽车这一产品？正如无人驾驶先驱谷歌所认为的：无人驾驶汽车可减少99%由于人类疏忽而造成的交通事故。

可见，无人驾驶的核心目的还是为了交通的首要要求——全。通过无人驾驶技术，基本实现人、车、路协同，有效降低司机的工作量，并对交通险情主动做出避险行为。

毫无疑问，无人驾驶汽车充满吸引力，但目前无人驾驶汽车距离实际应用还有很长的路要走。汽车智能化的企业领先者——谷歌的无人驾驶汽车及特斯拉的自动驾驶汽车近期

都相继出现了交通事故。既然人类开发自动驾驶技术的目的就是希望未来能够达成"零事故"这样的愿景，那么只要出现事故，就代表着技术还不算成熟，依然还有进步的空间。

无人驾驶的初衷很美好，前景也被多方看好，但其大面积应用还未到时候。除上述交通事故外，2015年5月还有报道称，一辆处在自动驾驶模式下的特斯拉Model S在躲避并线车辆时与旁边车道停靠的一辆大货车发生追尾，而且追尾发生前，Model S甚至进行了轻微的加速。毫无疑问，作为车联网技术在车辆驾驶层的应用实践，无人驾驶技术必须以安全为前提并不断完善，才能使这一美妙的黑科技进入寻常百姓家成为可能。目前，不论是无人驾驶还是自动驾驶，这类高科技技术的安全性有待提高，还无法保证使用者的出行安全。

撇开安全问题不谈，无人驾驶汽车产业化的背后，还存在着高昂的成本、不清晰的商业模式以及不成形的产业链条等问题。但换个角度来看，越来越多的企业、研究机构对这一领域的热情也使这一领域的未来充满了可能。未来，一旦无人驾驶汽车成功面世，必将给产业带来颠覆性变化。届时，人类的生活方式也会发生改变，并将面临法律及道德等社会考验。无人驾驶汽车替代人类驾驶，同时又具备更安全高效的特征，这是自动驾驶汽车存在的意义。未来汽车将会成为一种简单的交通工具，品牌的差异化会逐步消除，人类的生活习惯也会随之改变，这些场景让人期待。

第二节　互联网大数据如何进一步改变市民出行

一、高校积极探索大数据——以手机信令数据为例

随着21世纪个人手机终端的普及，出行群体中手机拥有率和使用率已经达到相当高的比例，人们越来越认识到手机是一种较为理想的交通探测器。手机数据为居民出行信息分析提供了很好的技术选择，可作为现有交通数据采集技术的重要补充之一。

利用手机数据分析推算交通数据信息是一种新兴的广域动态交通探测技术。手机数据定位采用的是基于基站小区的模糊定位技术网。该技术的单点定位精度由每个基站小区覆盖的范围大小决定。基站小区覆盖范围半径在市区为100~500米，郊区为400~1 000米，该范围一般小于交通小区的覆盖范围，因此，满足交通规划的应用要求。目前，已有大量研究使用手机数据辅助交通规划，相对其他精确定位技术（如GPS），在样本量、覆盖范

围以及实施成本和周期上更具有优势，提高了精度的同时也降低了成本。

东南大学物联网交通应用研究中心利用手机信令数据，对交通出行行为做了大量的研究，其中包括：

①结合手机定位数据和仿真模拟的方法，研究了行人在综合客运枢纽内部的运动和换乘特性，并分析了综合客运枢纽乘客整体的集散情况，从微观和宏观两个角度对综合客运枢纽乘客的出行情况进行分析，建立了重点区域群体出行和运动行为的分析方法。

②回顾和比较基于无线网络技术的交通信息采集方法，提出了以地下移动通信基站为基础的获取乘客轨迹信息的方法，由此建立了基于手机定位数据获取地铁乘客出行信息的方法。

③从宏观方面利用手机定位数据对综合客运枢纽乘客的集散情况进行了分析，通过建立时空聚类的方法识别了综合客运枢纽在无线通信空间内的覆盖范围，以此识别综合客运枢纽的乘客，并基于乘客的手机定位数据分析了一定时间范围内乘客在城市空间范围内的集散情况。

④利用移动通信网络原理，结合个人手机终端，针对高速公路场景，建立了交通状态感知的理论与方法，对传统的检测器（如线圈等）布设方法进行了改进，并采用获取的江苏省高速公路数据验证了该方法。

以上这些方法有广泛的理论和实践意义，东南大学物联网交通应用研究中心已经将部分研究运用于实际，在"基于云平台的开放式公共出行信息服务研究与示范"项目中运用相关技术，研究解决了市民出行信息服务，提升了城市交通的出行体验。

手机数据在交通领域的应用已获得了广泛研究，有了许多成功案例，展示了"大数据+交通"的诸多可能。未来，随着 GPS 数据、高精 3D 地图数据、社交网络定位数据等不同类型的数据逐渐应用于交通领域，相信这些更加精确的数据必定能够助力交通出行。

二、移动互联网 App 大数据助力城市交通出行

互联网企业在大数据研究方面也有很大建树，企业利用自己大数据的研究优势，研究布局新的产业或开放数据给学术界提供宝贵资源。毫无疑问，打车 App 的两大巨头滴滴出行和优步的数据都是大数据行业的宝库，以 App 大数据研究为基础，可以有效提高城市居民的出行体验。

"每个工作日下午一点左右，北京金融街附近会有几个甚至十几个去机场的单子，晚上十点以后，西二旗附近的打车需求非常活跃，而到了晚上，最不受欢迎的打车地点是回

龙观……"

上述结论听来是不是像一位"老北京"在介绍生活经验？其实，这是基于"苍穹"数据系统运算出的结果。通过该系统，可以看到目标城市的打车需求有多少、订单几张、成交价多少、出租车怎么分布、人们的出行轨迹等出行信息。

大数据还能有效提升导航体验。自驾出行的人可能有过这样的经历：顺着导航走的时候，前方出现了不可穿越的障碍物，而导航给出的指示是"直行3千米"。这不完全是技术的问题，导航中构建的虚拟世界和现实世界一样，需要一砖一瓦的构建，当现实世界的道路状况发生改变时，在相关信息没有被传输到虚拟世界的时候，导航就会出错。而利用计算机辅以人工触发的方式可以获取所需的地图及位置信息，通过对这些信息的运算可以得到道路状况的变化信息。例如，当系统检测到本应直行的行进轨迹，但当天所有车辆都在绕行，说明这个地点的道路状况发生变化，这时系统就可以给这条路线上的司机发出提示信息。

另外，当现实POI（Point of Interest）点和地图中的虚拟POI点产生误差时，如果存在大量的POI点位置出现了20米以上的误差，就可以通过数据手段发现问题，进而修正。例如，某车主家所在的小区位于一条辅路边，而导航经常会导到相应的主路，车主每次只好绕行。而一段时间之后，车主会发现导航不出错了，可以直接导航至辅路边的小区门口。

第八章　交通运输经济发展创新

第一节　交通运输经济现状与发展方向

一、交通运输经济发展状况

当前，我国交通运输行业不断发展，其中公路和铁路以及高速公路的通航里程在不断增加，同时，水运航路上的通航能力也已经居世界前列。民航、航空方面，发展幅度大幅的增加，当前随着我国国家政策的不断深入和优化落实，对于农村地区的支持力度也在不断增加，农村地区的公路通航里程已经实现了全面的增长，不同地区的交通运输行业也在不断发展，越来越多的地区交通运输经济的发展能够有效地带动区域性整体经济的进步和提升，在针对城市的发展过程中，应当要明确加强铁路、公路、航空以及内河航运的发展，这些能够有效地带动不同地区之间的经济的紧密性联系，也能够帮助实现货运和客运往来的进步和提升。我国针对不同的道路工程和交通运输方式的施工建设的投入和资金政策的投入也在不断增加，越来越多的出行方式更加便捷，同时社会经济总量的提升得到了有效的进步。在交通运输过程中，车辆的数量不断增加，且车辆的获取和投入成本较低，交通运输的过程和设计所需较少，所以在针对交通运输过程中，越来越多的人选择车辆进行出行，在不同的交通运输经济的趋势过程中，应当要明确认识到适应性以及灵活性的重要作用，由于在山区乡镇以及农村地区，人们借助车辆来展开货运和客运较为灵活，所以能够有效地帮助更多的人结合具体的情况来展开有效的协调，便于人们出行以及货运的流转效益的提升。车辆的运输能够准确地增强交通运输的适应性，也能够帮助带动交通运输成本和经济效益的有效进步，同时也能够帮助获得更多的经济效益。

二、交通运输经济发展中的问题分析

一是区域发展面临挑战且资金不足。尽管交通运输设施在不断完善，近几年也得到快

速的发展，同时也获得更好的优秀成果，但是由于发展的资金和后续跟不上发展需要，尤其是一些偏远地区和一些山区的交通运输较为落后，同时国家政策以及银行信贷政策的变化，也会造成在公路建设的投资渠道和投资资金不断减少，而且一些偏远地区和山区的交通运输成本一直很高，对于公路的建设、运行和保养的费用也很高，对偏远地区和山区的交通运输资金保障产生了很大的困难。二是建设及运行服务难以满足社会需求。在一些大型城市，现有的交通运输网络并不能够满足人们的出行需求以及货物的运输需求，往往会导致道路的拥堵和以及货物的运输和流通速度的降低，对人们的生产生活以及企业的经济运行产生了不良的影响。另外一方面，现在的社会发展和经济水平不断的提高，越来越多的人追求更高品质的生活，同时对于交通运输的需求也更加多样化，而现阶段所具有的交通运输基础设施以及所拥有的交通运输服务难以满足越来越多人的高品质的需求，交通运输管理部门也应当根据人们的不断变化的需要来有效地推动良好的设施，满足人们的需要。由于受到成本管控以及资金的影响，交通运输设施并不能够快速的进行更新换代。三是管理手段滞后，安全风险较大。当前时期，部分地区针对交通运输的管理制度尚未完善，且部分地区的交通运输管理制度难以有效地推动或执行，造成交通运输管理的水平和质量较低，也会导致交通运输管理的漏洞不断增加，最终会影响到交通运输管理的安全性，很容易导致交通运输事故不断增加，影响了交通运输经济的良好发展。

三、交通运输经济的未来发展

（一）加大资金投入，科学制定发展目标

在交通运输行业的管理过程中，必须要明确认识到交通运输经济发展与资金的紧密性联系。现阶段，交通运输经济发展很容易受到资金短缺的影响，针对这种情况，交通运输管理部门和地方财政应当要积极地加强对交通运输行业的资金投入，尤其要针对性地制定出更加完善的福利政策以及优惠方案，同时还应当要积极拓展融资渠道，可以借助政府、社会以及个人等融资的方式，来为交通运输行业经济的发展提供更加完善的资金保障；同时，还应当要借助基金、股份等不断变化的融资方式，来不断地拓展交通运输行业资金的来源，同时在针对交通运输货运设备的运行和维护方面，尤其要加大资金投入，搭建起更加综合、全面的交通运输高速网，确保交通运输的发展与地区性的经济发展相互作用，相互前进。针对交通运输经济的管理方式，应当用积极的明确的科学的发展目标，尤其要根据发展目标的完善方式以及交通运输行业的发展需求，将交通运输经济发展过程中，可能

存在的问题予以规避,同时还应当要明确认识到交通运输管理系统涉及的方方面面;在交通运输系统的设计过程中,也应当要积极地遵循技术性、科学性以及合理性的要求,要根据具体的规划设计,来搭建起更为全面完善的数据信息系统,尤其要虚心听取人民群众的意见和反馈,同时还应当要根据全国性的交通运输经济的实际情况,来借鉴国外的先进案例,以优秀的组织管理方法,搭建起更为完善合理的交通运输管理网络,促进交通运输管理经济的发展目标的达成;在科学制订发展目标的过程中,还应当要积极地把握不同地区的交通运输发展可能存在的不平衡性,部分地区的经济发展较为落后,且部分地区的地理环境和地质条件较为复杂,很容易造成交通运输建设成本的增加,影响了交通运输经济的区域性发展,这对国家政策以及资金投入提出了更高的要求,所以国家交通部门和相关机构应当制定更为完善合理的政策,投入更多的资金来改善交通运输环境,不断减缓地区性的资金发展压力,帮助促进全国和地区的交通运输行业的良好发展。

(二)转变观念,强化风险管理工作

实际上,交通运输管理过程中,还应当要明确认识到管理理念以及管理方式与交通运输经济发展的紧密性联系,针对这种情况,交通运输管理部门应当要转变传统的管理思维,尤其要对交通运输管理方法进行优化更新。可以组织实行合同运输管理制度,通过制度来规范和维持交通运输的良好市场秩序,同时也能够对货物及客运的运输有效提供安全保障;另外一方面,还应当要强化对于交通运输的内部管理,对于驾驶员以及交通管理人员,要强化知识宣传和专业性技能培养,不断增强交通运输企业以及运输人员的安全意识和综合性管理技能;当然,还应当要将现代化的管理技术以及智能化的技术落实到交通运输的管理过程中,帮助交通运输行业的管理人员及相关人员能够更加及时、全面的掌握交通运输的动态,同时可有效提高交通运输管理的效率和质量,也能够将交通运输管理过程中所存在的安全风险有效规避,提高交通运输行业的经济发展效益。

(三)强化交通运输服务意识。

在针对交通运输行业的管理过程中,应当要不断地强化服务管理意识,只有通过更为完善及全面合理的服务,才能够有效带动交通运输经济行业的发展,也能够为交通运输经济的发展提供完善、坚实的重要保障。所以交通运输行业也应当要向消费者提供更加优质丰富的交通运输服务,交通运输经济发展过程中,还应当要明确把握交通运输消费者的整体需求,通过完善的管理方式,满足消费者的需求,同时交通运输经济发展过程中,也应当要明确将更高水平、更高质量的服务，提供到消费者手上，为其提供更为个性化、人性化的服务，另外可以借助大数据以及云计算等方式来获取到消费者的消费信息、消费理念以及以往的消费需求，能够向更多的消费者提供更为全面、针对性的服务，以此来满足交通运输的行业发展。

（四）加强区域间及交通运输方式间的交通衔接

随着不断变化的社会发展环境，交通运输业的发展从单一的发展模式向更加多元化、全面化的方式转变，同时随着不断变化的交通运输方式，也能够为人民群众的生活提供更多的便捷的服务。我国针对不同地区的交通运输管理建设以及投入管理上存在着很大的不同，同时不同地区的交通运输的沟通和衔接上，往往有所限制。现阶段，社会生活的出行方式越来越多样化，海陆空的运输方式不断发展，但是由于相匹配的交通运行方式难以得到保障，很容易造成交通运输之间的衔接受到障碍。为了有效地减缓交通的障碍，政府和相关的管理部门应当要做好对各方面资源的优化合理配置，尤其要针对一些山区或偏远地区的资金的压力予以缓解，同时还应当要强化区域之间的交通建设联系，推动区域的交通发展，有效带动各个区域之间的经济良好进步和提升。

总体来说，面对不断变化的社会经济发展形势，必须要紧紧地结合社会的交通运输管理方式和不断变化的交通运输管理需要，以及人民群众对于交通运输所提出的多样化需求来进行优化和创新，并以此来满足更多的人们的出行需求和货运需求。在区域的交通经济行业发展过程中，往往存在着多样化的问题，其中，由于受到资金压力以及政策限制和不断变化的地理环境因素影响等，最终会限制交通运输经济的发展，针对这种情况，必须要积极地结合我国交通运输与其经济发展之间的关系，积极的加大资金投入，科学制定发展目标；同时要转变交通运输管理观念，强化风险管理工作，强化交通运输管理服务意识；积极加强区域间及交通运输方式间的交通衔接，从而带动交通运输经济的良好发展。

第二节 "互联网+"下的交通运输经济

近几年，"互联网+"受到了交通运输业的广泛关注，将互联网技术应用在交通运输业中能够推动智能交通的发展，有利于满足用户的个性化需求，从而为用户提供可靠的消费体验。目前，我国交通运输业的发展现状并不乐观，主要原因是没有制定清晰的发展目标，同时也存在投资压力过大的问题，致使交通运输经济发展受到一定的阻碍。在这种情况下，应该加强对"互联网+"的研究，制定符合当前行业状况的发展策略，并且要制定科学的发展目标，继而推动交通运输经济的健康发展。

一、交通运输与经济发展的关联

交通运输对经济发展有着重要的影响，其建设项目的好坏关系着经济的增长情况，这两者之间存在着相互制约、相互促进的关系。一方面，经济增长需要充足的资金来作基础，其资金的来源需要依靠国民经济的增长，因此投资量受限于国民经济的增长水平。另一方面，投资增长的前提是经济增长，只有提升经济增长的速度才能决定投资的数量，从而拉动经济增长。

在交通运输业的发展过程中，"互联网+"时代的到来冲击了传统的发展模式，利用互联网思维转变传统的交通管理方式，有利于实现交通运输服务流程再造，所以要加强对交通运输经济发展的研究，及时制定科学的发展战略，推动我国交通运输业朝向新的领域发展，以此来获取长远的发展，最终实现我国交通运输经济效益的提高。对于相关工作人员来说，应该要认识到交通运输与经济发展之间的关联，认真做好分析工作，同时要明确交通运输经济发展的目标，进而达到推动交通运输经济发展的目的。

二、目前交通运输经济发展的情况

（一）没有清晰的交通运输经济发展目标

根据我国交通运输经济发展的现状来看，很多交通运输部门没有制定清晰的发展目标，致使交通运输经济发展状况不乐观，无法有效推动交通运输的经济发展。尤其是部分老城区、旧城区等，当地交通部门不够重视对交通运输经济发展目标的制定，并且没有作出明确的引导措施，这就导致交通运输问题经常发生，同时也带来了交通线路上的规划问题，最终影响了城市的正常交通。现阶段，交通运输能力无法跟上经济发展的速度，城市的汽车越来越多，停车位也越来越紧张，不仅阻碍了交通运输业的健康发展，同时还影响了城市经济的发展，从而导致城市交通运输问题日益严重。在这种情况下，如果没有明确的交通运输经济发展目标就会加重城市的交通运输问题，并且容易造成交通运输设施落后，继而为交通运输的良好发展带来不利影响。

(二) 交通运输行业存在较大的投资压力

随着社会经济的发展，我国交通运输业正在对交通运输基础设施进行建设，促使交通运输基础设施建设进入了高峰期。但由于交通基础设施的建设力度逐渐加大，相应的资金投入力度不够大，致使资金紧张问题突出，难以为交通运输基础设施建设项目提供充足的资金作支持。造成这一情况的原因有以下几点：一是国际金融危机。目前，我国很多地区受金融危机的影响，在资金方面不具备较强的支持能力，再加上融资领域的政策变化，促使交通运输行业无法得到充足的资金作支持；二是山区交通建设任务艰巨。近年来，我国越来越重视对偏远山区的交通建设，对山区交通管理的支出费用越来越高，这就为交通运输经济发展带来了巨大的压力，容易产生资金紧张的问题。

(三) 交通运输服务质量不高

随着时代的发展，人们的生活水平不断提升，对生活质量的要求也越来越高，促使交通运输服务面临着巨大的压力。在城市交通运输服务的发展过程中，经常会受到资金、成本等方面的约束，很多地区无法及时地对交通基础设施进行维修，致使交通基础设施往往存在老化、故障等情况，严重降低了交通运输的服务质量。另外，我国交通运输业还存在从事人员素质水平不高的问题，在实际工作中难以满足用户的具体需求，如服务单一化、僵硬化等，无法为用户提供特色化、多样化的服务，继而导致交通运输的服务质量不高。由此可见，我国交通运输业受运输服务质量的限制，如果不能为用户提供高质量的运输服务就会降低运输的经济效益，从而对交通运输经济发展造成负面影响。

三、"互联网+"下交通运输经济发展的影响

(一) 提高物流的配送效率

近年来，互联网技术的发展速度越来越快，将现代信息技术应用到交通运输中能够促进经济发展，有助于提升交通运输的智能化，大大加快了物流配送的速度，这为交通运输业带来了新的发展机遇。例如，杭州快驰APP就是利用互联网技术来进行运输服务，该平台具有智能运输、运能分享等多种功能，其运输效率和运输质量非常高，极大程度地提升了我国物流行业的经济效益。另外，该系统还具有信息分享、货运交付等功能，不仅操作便捷，同时还节省了物流运输的成本，有助于提高交通运输的经济效益，减少不必要的

运输成本支出。除此之外,"互联网+"下的交通运输经济发展迅速,在实际应用过程中结合了诸多的资源,不断对支线配送进行有效的完善,从而推动交通运输服务的智慧化操作。

(二) 实现出行智能化

在"互联网+"下,交通运输改善了原先的管理情况,将现代信息技术应用在交通运输中能够解决目前交通拥堵的问题,方便人们更好地出行,为城市居民提供了交通便利,大大提升了人们的生活质量,同时也推动了我国交通领域的健康发展。例如,交通运输开始推广实时公交,用户可以通过网络来进行实时查询,帮助用户在第一时间得知公交汽车的到站情况,避免用户出现误班、错班等问题,还有滴滴快车也促进了交通运输行业的发展,不仅人们能够便捷的乘车,同时也减少了出租车的空驶现象,大大提升了乘车率,充分发挥出了汽车资源的利用优势,真正实现了汽车资源共享。

将互联网技术应用在交通运输中缓解了城市交通运输的压力,极大程度地提升了交通运输的智能化,并且提高了交通运输服务的整体质量,有助于推动我国交通运输经济的发展,促使智能出行得到了进一步的发展。另外,我国一线城市交通堵塞问题严重,而"互联网+"的出现很好地解决了这一问题,不仅为城市居民提供了出行便利,还促进了我国公共交通领域的发展,所以需要重视"互联网+"时代下的交通运输经济发展。

(三) 促进交通资源合理配置

现阶段,互联网、大数据等信息技术发展迅速,为各行业带来了新的发展机遇。将高新技术手段应用到交通运输中可以有效提升交通资源的利用率,减少交通资源浪费的问题出现,防止产生资源闲置或资源过度利用的情况,极大程度地推动我国交通运输业的经济发展。例如,定位系统和智能化分析技术具有诸多应用优势,在交通堵塞、道路拥挤的情况下应用可以全面掌握交通信息,方便交通部门更好地判断人口迁徙量,同时也为用户提供准确的出行距离和路线,大大缓解了交通堵塞严重的问题。并且,随着云计算、人工智能等技术的发展,我国交通运输有了新的发展机遇,将其融合到交通运输中能够实现交通资源的合理配置,避免产生不必要的资源浪费,有利于促进我国交通运输新模式的发展,从而推动传统产业的发展和转型。

目前,我国交通运输经济发展受到了"互联网+"的影响,通过对互联网、人工智能等技术的应用提升了交通运输的智能化,为用户提供了出行便捷,促使交通运输行业能够得到更好的发展，同时也满足了当前人们对交通运输的需求。在"互联网+"时代下，传统的交通运输产业逐渐朝着新兴方向发展，大大加快了产业转型的速度，推动我国交通运输服务业的转型升级。

随着互联网技术的发展，传统交通运输业迎来了新的发展机会，大大促进了我国交通运输经济的发展。在"互联网+"时代下，过去的交通管理方式已经不适用于当前的交通运输业，所以要加强对交通运输经济发展的重视，根据当地交通运输的实际情况来制定适合的发展策略，从而改善我国交通运输经济发展的现状。现阶段，交通运输经济发展存在缺乏科学的目标、投资压力大等问题，严重阻碍了城市交通运输的经济发展，同时也带来了很大的交通运输问题，致使城市交通问题突出。对此，应该将互联网技术应用到交通运输经济管理中，不断提升交通运输的智能化，打破过去传统交通运输管理方式的局限，进而推动我国交通运输经济的健康发展。

第三节 现阶段交通运输经济管理的必要性

一、交通运输经济管理重要性

（一）构建交通运输设施网络，满足新时代市场发展需求

现阶段市场经济飞速发展，对交通运输基础设施网络的要求越来越高，加强交通运输经济管理可促进交通运输设施的完善及相应网络的构建，为市场经济发展提供更加便捷的条件支持，满足各行各业对物流运输的需求，进而推动国民经济可持续发展，提升国民经济效益。

（二）完善交通运输经济管理制度，促进交通行业发展

开展交通运输经济管理有助于不断完善交通运输经济管理制度，并结合实际情况进行针对性地调整与优化，进而保障交通运输行业沿着正确的轨道发展与进步。尤其是随着改革开放与城镇化的推进，工业经济逐步占据着越来越大的比例与地位，信息化为交通运输行业带来了前所未有的机遇与挑战，合理开展交通运输经济管理，将直接影响国家经济运转。交通运输业的发展，对加速社会资源整合、优化经济产业结构与质量、助推社会经济

发展具有重大意义。

（三）推动交通运输企业经济机制转化，增强运输企业活力

道路商品交换双方经济关系与交换场所共同构成交通运输经济，而运输企业是交通运输经济的核心构成，需要高度完善的运输经济管理体系来为交通运输企业的良好发展提供支持。通过加强交通运输经济管理，可有效推进经营机制改革，落实运输企业实际经营权，进而在很大程度上助推交通运输企业转化自身经济发展机制，全面增强企业活力与市场竞争力，实现更大的经济效益。

（四）优化地区产业结构，带动地区经济持续发展

交通运输是我国国民经济的重要基础，其行业发展水平直接影响社会整体经济的发展，实践证明，交通运输条件优越的地区，其各类产业发展速度更加迅猛，而产业的发展能有效带动地方就业及相关经济的发展，进而扩大地方经济发展范畴。由此可见，加强交通运输经济管理将为地方经济蓬勃发展创造机遇，促进地区产业结构优化，为地区经济可持续发展提供更加持久的动力，让更多人在交通道路运输发展过程中受益。

二、交通运输经济管理存在的问题

（一）管理制度不完善，缺乏执行可行性

新时期市场经济飞速发展，社会主义现代化建设与民族复兴正有条不紊地进行着，在此种背景下传统的交通运输经济管理方式呈现出很大的局限性，主要表现为经济管理制度不明晰、资金管理程序与操作不规范等方面。过于笼统的交通运输经济管理制度对经济管理行为缺乏有效约束，导致管理制度可行性不足，严重影响交通运输经济管理制度的执行效果。缺乏规范的交通运输资金管理程序，使得在交通运输经济管理过程中经常出现预算计划不合理、资金调度不合程序等诸多问题，严重制约交通运输经济管理功能的发挥。

（二）经济管理人员综合素养不足，管理水平有待提升

社会发展日新月异，对交通运输经济管理人员的综合素质与能力要求越来越高，需要其掌握出色的专业能力，拥有强大的交通运输经济管理分析能力，能及时预估与发现交通运输经济管理中可能出现的问题，以增强管理的实效性。然而调查研究表明，我国交通运

输经济管理人员的综合能力普遍偏低，现阶段常见的交通运输经济管理问题多与管理人员水平有关联，亟需提升交通运输经济管理人员的综合素养，为交通运输经济管理水平的全面提升提供软性支撑。

三、提升交通运输经济管理效益的有效路径

（一）引入市场化机制，强化内部管理效率

我国经济社会正处于转型的关键时期，交通运输经济管理应从引进市场化机制入手，从思想上转变交通运输企业管理者、各职能部门员工的思想观念，帮助其正确认识市场化机制对企业发展的重大意义。与此同时，加速推进企业内部管理机制的制定与调整，将管理效果与效率纳入企业重要改革范畴，以提升交通运输企业内部管理效率，满足现代市场经济发展需求。首先，企业应细化市场机制，强化职能部门职责划分，将交通运输经济管理的权与责分离，可尝试通过设立交通运输经济决策中心来加强交通运输市场调研及市场规划工作，制定切实可行的交通运输企业发展目标，强化市场预测功能。其次，要不断完善交通运输企业内部管理，严格划分各部门职能界限，明确各部门的工作规范及办事流程，强化部门之间的业务链接，为提高企业内部办事效率提供政策依据。最后，交通运输企业应从市场机制革新视角出发，强化企业员工培训与考核，通过全面提升企业人才职业能力与素质来最大限度发挥人才效应优势，促进交通运输经济管理综合效益的提升。

（二）推进全面预算管理，加强运输经济监督

现金流量、资产负债等是交通运输企业成本收益的具体表现，这也是交通运输企业制定发展战略、实施决策的重要依据，企业应结合实际发展需求与市场反馈信息，制定全面预算管理制度，定期根据现金流量表与资产负债表分析企业经营成本与损益，及时调整资金资源分配计划，优化控制投入的方向与比重，以避免资金浪费的现象，实现预算导向功能最大程度的发挥及经济效益最大化。此外，交通运输企业应积极创新内部预算机制，从收支视角建立资金管理机制，加强对控制资本流向的核算及资金的有效应用，以提升企业现金管理与快速决策水平。当然，交通运输企业还应加强对交通运输经济的监督力度，严格审核交通运输经济管理过程中的各类票据，确保交通运输的合法性及资金往来有据可查，通过实施监督与管理来最大限度的减少交通运输经济纰漏的出现，一旦发现问题，及时采取相应的补救措施，进而减少不必要的经济损失。

(三) 加强信息化建设，增强市场经济动态掌控力

信息技术的发展为交通运输经济管理创造了有利条件，交通运输企业应加强企业信息化建设，积极引进现代化管理软件，提升交通运输现金流量、资产负债等经济数据的收集、整理与分析效率，增强企业管理层对市场经济动态的掌控能力，以便及时调整企业发展战略与方向，依托现代经济数字化模型来制定交通运输产业发展规划体系，全面增强交通运输经济管理的科学性与实效性。

总而言之，交通运输经济是我国国民经济发展的重要构成，交通运输经济发展对推动各行各业发展、带动地区经济可持续发展具有重要的战略意义。因此，要重视交通运输经济管理工作，可尝试从转变交通运输行业思想观念引入市场化机制入手，全面开展预算管理制度并加强监督管理力度，积极推进企业信息化建设，以提升交通运输经济管理效率，实现革新企业市场竞争力的目的，促进交通运输行业的稳步发展，为社会主义现代化建设奠定坚实的基础。

第四节 交通运输经济发展管理要点的创新策略

一、阐述交通运输和经济发展的关系

（一）交通运输业成为经济水平提升的关键因素

一般来讲，发达城市的运输结构相对通畅化，且运输网络涉及城市的各个角落之中，与此进行比较，发展滞后的区域中尚未突显出这些优势。所以规范化的交通运输结构建设，可以带动经济的高效发展，成为经济水平提升的一个关键因素，由于交通运输表现出一定局限性，且公路运输、航空以及铁路运输等均存在于市场建设体系下，所以交通运输行业的发展影响到经济发展具体效率，需要对应主管部门高度重视。

（二）运输系统带动着区域整体化发展

比如公路运输，在部分运输不够便捷且地理位置相对偏僻的区域中，现有的资源不容易被运输到外界，而地区之外的资源运输到区域内也表现一定难度，由此制约区域的整体

化发展。完整的运输系统能够弥补区域内外资源运输难度大的问题，通过招商引资或者先进科学技术的使用，为区域整体化发展提供媒介。

(三) 交通运输发展对社会稳定十分有利

在时代经济的高速发展环境下，我国居民的生活环境得到较大程度的改善，比如出国留学，以往的基础设施建设不能适应群众的工作与生活具体需求。所以在解决群众对物质需求的问题上，还要大力促进交通运输行业的发展，确保社会稳定的运行。

二、交通运输业实行经济发展创新管理的现实意义

交通运输业进行经济管理创新，具有重要的现实意义，包括企业资源的优化配置、经营管理综合制度的逐步建立及完善化、强化交通运输业实现有序发展等。

(一) 实现企业资源的优化配置

针对交通运输企业来讲，怎样在相对丰富的市场中调整资源配置，优化现有的运输信息资源，成为运输企业提升自身竞争力与综合实力的参考依据。目前运输市场即便得到一定条件的支撑，然而运输业要想得到更加优质的资源，势必要引进信息环境，通过行业内部的经济管理与资源分配开展工作，若缺少行业内部的经济管理操作，会导致资源分配缺少可靠性与科学性。

(二) 促进经营管理综合制度的逐步建立及完善化

对于交通运输企业，运行管理机制涉及诸多的层面，经济管理优化针对经济管理机制的完善起到调整作用。经济管理的组织以及内部现有结构优化制约到交通企业运行制度的更新，还关联着企业综合效益的获取效率。良好的经济管理可以给企业运行机制的建设提供有效的框架参考，带动企业机制改革与持续发展。

(三) 促使强化交通运输业实现有序发展

交通运输业的前行需要建立在所有企业的推动支撑基础之上，结合宏观层面认知，任何企业都充当行业的一个组成分支，企业实际发展情况制约着行业协调性，交通运输发展为基础性产业，与其他行业之间的协调便是国家经济提升的最终目标。处于市场结构变动形势下，交通运输业要不断地对自我管理环境加以优化，全面给企业的健康进展提供

条件。

三、交通运输经济发展管理创新策略

现阶段，我国的交通运输业面临着改革的机遇，这一个机遇的存在要求相关企业彰显自身在市场结构中的作用，合理对市场多个要素加以调整，还要求企业对内部制度和改革产业内容进行调整，及时的跟随市场变动加以转型。结合市场经济发展的具体需求，运输市场逐步完整化，市场中新型的产业要素多样化特征对交通企业的创新环境布设提供条件，与此同时，严格化的要求交通运输业进行产业整合。所以交通运输相关企业势必要在运行模式与管理制度上加以创新与改革，将现有的市场环境资源效用得以发挥，满足市场经济提升的需求。对于市场的前进交通运输各个企业要结合经济管理的角度，实效性的处理管理层面相关问题，优化管理决策与模式，更新管理思想，科学规划管理具体内容，增强管理实践与职责，全面给交通运输业的创新增强动力，所以企业要在经济管理上进行不断的创新与改善，具体如下：

（一）重视内部管理，细化责任

在交通运输的经济发展管理工作中，要重视企业内部的管理，细致化的分配责任，且运输企业充当重点的服务产业类型，壮大的途径主要是整合资源分配，促使内部综合管理质量的提升，提升其在市场中占据的地位。所以企业要想持续化的运行，要对经济管理方案进行创新，要立足于企业管理思想与管理机制，通过科学的思想与良好的管理模式细致配置运输企业资源，增强经济管理的规范性。与此同时，管理者要思考经济管理的价值，设置创新改革的目标，找到经济管理要点转变的具体方向，优化运输市场环境，涉及经济管理的多个内容，把管理职责科学的分配给每一个部门，在战略方针视角上给企业经济管理提供方向。另外，关注职工素质的提升，聘请专业化的财会职工，增强内部职工岗位培训，促使每一个环节的业务协调发展，带动交通运输业的经济发展。

（二）全面实施预算管理，实行科学性的管理决策

全面预算机制的创设制约着企业整体利益的获取，针对交通运输企业而言，企业现有资金流量与资产负债内容彰显的不只是企业综合效益，还充当企业管理的决策依据。全面预算管理按照企业设置的运行目标，在多个预算周期之间通过流量表与负债表突显运行管理状况，增强预算导向价值。企业管理者应该按照市场信息与资源使用情况控制好资金成

本，尤其是收入和产出资金的调整，节约企业运行资金，评估市场现有的环境，做好经济管理的准备。并且把企业现金管理视作关键点，设置收支资金管理机制，通过财务核算控制资金具体流向，减少企业运行风险。除此之外，积极的改革预算编制机制，把年度发展计划编写到季度核算结构中，把每月的资金收支情况加以综合归纳，严格管理资源流向，有效地进行资金回收。

（三）基于法律制度，强化合同管理

国民经济建设的过程也是市场法制建设的过程，处于法制体系下进行改革与创新可以带动交通运输的发展，针对企业而言，完整的法制建设可以给企业之间的交易提供便捷性环境，围绕有法可依的理念开展交易环节，有利于交易双方明确自身的权利和义务，维护交易双方的合法权益。所以交通企业应该把自身运行发展纳入到法制环境之中，且注重合同管理，在合同标准中设置交通运输业务，树立企业责任意识，切合实际地对自我行为进行规范和约束，更好地进行经济管理创新操作。

（四）强化收入稽查，规范收入管理

部分交通运输企业在市场竞争期间总会表现出违法的行为，增强运输企业的收入稽查，把企业运行与监督环境结合，促使运输市场可以稳定的发展。对于收入管理规范化目标的实现，交通运输内部财务核算主要是按照内审与会计核算监督企业现有资金的流动方向，将资金管理和良好的市场环境融合，整合企业内部经济管理体系，进而确保企业可以在合法的条件下参与经济管理事项。

四、交通运输业经济管理今后发展方向

（一）实行交通的预算管控

交通运输行业的经济发展无法适应国际预算标准，所以新时期下交通运输企业管理者要吸取先进国家的预算管理经验，吸取宝贵的经济管理经验，科学优化交通运输企业的相关环节，创设良好的全面预算结构。在管理控制期间，对责任进行实效性的配置，全面彰显预算结构的监督作用，促使企业的资金调拨被有效地控制，这些情况都可以增强预算管理有效性，处理好交通运输行业的管理问题，完善企业现有治理体系，由此在现代化的管理思想支撑之下，提升企业编制预算的综合水平，为企业带来经济效益。

（二）重视绿色环保科学理念

带动公路环保建设，强化绿色环保思想的实施，朝向经济发展层面变动，创新公路经济管理形式。公路经济管理的先进思维可以给经济发展提供支撑，对应的市场思想得到进一步的彰显，尤其是公路结构体系形成的服务化思想，形成服务于群众的优质观念。另外，交通运输在经济管理期间强调生态文明的创建，可以在公路运输期间选择优质能源，缓解石油资源匮乏的局面。

（三）注重顶层设计与战略规划

在交通运输行业的服务质量提升目标引导下，优化交通运输现有的组成形式，通过枢纽通道强化信息建设，全方位协调各个地区经济与资源配置，都需要顶层设计操作方案的支撑，由此强化战略方针的发展规划。在此期间，各个地区的资源配置，要满足城市现代化的发展理念，系统化的设计顶层方案，落实交通行业的战略规划目标。

（四）注重信息调整与新业态的发展

企业在今后的发展中，可以更加突显平台创设以及交通信息化的整理，确保互联网、交通和物流三个项目一体化进行，由此注重信息战略规划以及新业态的引进，构建交通运输行业的新业态创新体系。在信息调整期间，交通行业要建立信息真实性审理体系，找到信息的产生与作用方向，借助网络技术把信息加以实效性调整，适当创新业态的发展途径，给予此种情况足够的关注，突破以往业务的局限性，确保交通运输业的正常运行。

（五）深化改革注重发展模式的创新

交通运输行业的创新与改革进程中，要创设网络沟通平台，信息化资源管理处于交通运输经济管理工作的重要位置，怎样处理交通运输期间涉及的诸多问题尤为关键。即便对应单位在信息化管理体系中会有效的控制信息网络，然而给予行业和外部的信息使用效率却比较低，运输对应单位在信息管理期间的内外部信息沟通模式不够健全，因此，怎样突破此种困境，强化交通运输业以及其他行业的沟通互动，同时，给予经济信息和运输提供强有力的条件，怎样落实经济管理运输发展的目标，怎样衔接交通运输与市场经济，都成为交通运输业今后的发展主题。

参考文献

[1] 苏巧玲, 郭仪. 运输与配送管理 [M]. 武汉: 华中科技大学出版社, 2020.

[2] 马书红, 王元庆, 戴学臻. 交通运输经济与决策 [M]. 北京: 人民交通出版社, 2019.

[3] 贾顺平. 交通运输经济学 [M]. 北京: 人民交通出版社, 2019.

[4] 王利红. 交通运输经济学 [M]. 长春: 吉林科学技术出版社, 2019.

[5] 刘南, 汪浩, 曲昭仲. 交通运输管理 [M]. 杭州: 浙江大学出版社, 2019.

[6] 郁长松. 城市轨道交通运营管理 [M]. 成都: 电子科技大学出版社, 2019.

[7] 汪鸣. 交通运输与经济社会融合发展 [M]. 北京: 中国计划出版社, 2018.

[8] 王晓原, 孙亮, 刘丽萍. 交通与运输类系列教材运筹学 [M]. 成都: 西南交通大学出版社, 2018.

[9] 王振军. 交通运输系统工程第2版 [M]. 南京: 东南大学出版社, 2017.

[10] 彭仲仁. 交通引领城市可持续发展 [M]. 上海: 上海交通大学出版社, 2019.

[11] 彭其渊. 交通运输系统工程 [M]. 成都: 西南交通大学出版社, 2018.

[12] 王晓原, 孙锋, 郭永青. 智能交通系统 [M]. 成都: 西南交通大学出版社, 2018.

[13] 顾正洪. 交通运输安全管理与法规 [M]. 徐州: 中国矿业大学出版社, 2020.

[14] 程世东. 交通运输发展策略与政策 [M]. 北京: 人民日报出版社, 2020.

[15] 过秀成. 交通运输规划类研究生培养模式与实践 [M]. 南京: 东南大学出版社, 2020.

[16] 夏立国. 交通运输商务管理 [M]. 南京: 东南大学出版社, 2018.

[17] 张国伍, 张跃琴, 王海星. 综合交通运输系统工程创新发展与论坛 [M]. 北京: 北京交通大学出版社, 2018.

[18] 王汝佳, 李广军. 交通运输工程概论 [M]. 成都: 西南交通大学出版社, 2019.

[19] 周桂良, 许琳. 交通运输设备 [M]. 武汉: 华中科技大学出版社, 2019.

[20] 裴玉龙，都雪静，罗良浩著. 交通运输工程学 [M]. 哈尔滨：东北林业大学出版社，2018.

[21] 毛保华. "一带一路"与交通运输 [M]. 北京：人民交通出版社股份有限公司，2018.

[22] 郑翔. 交通运输法 [M]. 北京：北京交通大学出版社，2018.

[23] 张晓鹏，辛延平. 交通运输学 [M]. 西安：西安交通大学出版社，2018.

[24] 王茁，黄恒霄，王晓然著. 交通运输与物流管理 [M]. 长春：吉林人民出版社，2018.

[25] 蒋朝哲. 交通运输系统工程 [M]. 成都：西南交通大学出版社，2018.

[26] 冉斌. 互联网+交通运输交通运输的新变革 [M]. 南京：江苏科学技术出版社，2017.

[27] 唐智慧，牟瑞芳，左廷亮. 交通运输安全技术 [M]. 成都：西南交通大学出版社，2017.

[28] 余霞. 交通运输与物流法规 [M]. 西安：西安交通大学出版社，2017.

[29] 汤银英，陶思宇主编. 交通运输商务 [M]. 成都：西南交通大学出版社，2017.

[30] 邢智强，谢明著. 交通运输行业职业培训与实践 [M]. 北京：北京理工大学出版社，2017.